口裡說不，
身體卻很誠實

摸底
FBI不教你的讀心術

cross 文化 culture 社会

Master Dragon 龍震天 著

序

這是一本很重要的語言參考書，因為溝通技巧對每一個人來説實在太重要了。

最近也不停有客人問我，想要這本書，但因為書一早已絕版了，所以我也沒有存貨；我謝謝出版社的幫忙，讓這本書得以再版，讓大家可以有機會再買。

關於語言學，我寫過兩本書：一本是針對如何提升語言技巧的，而另一本，則是針對如何解讀別人説話，身體語言背後的真正意思，這本正是後者。

我常說，正常情況下，別人有九成以上的東西都是不會直接告訴自己的，但我們可以透過練習，同理心，敏銳的觀察力，去得知別人說話或身體語言背後九成的意思。

正所謂「知己知彼，百戰百勝」，我們要說出亮麗的話，必然要先了解別人背後在想甚麼。

而這本書則有系統地讓你學習這種技巧，我們稱之為「解碼學」。

一旦通了，你就可以擁有最厲害的武器，知道對方的真正目的，從而幫助自己思考如何和任何人溝通。

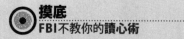

Master Dragon 龍震天
Blog: http://lungchuntin.com
Facebook: http://facebook.com/lungchuntin1
Email: lungchuntin8@gmail.com

目錄

SECRET 03 實用情報術

SECRET 04 閱人自衛術

SECRET 05 職場讀心術

SECRET

01

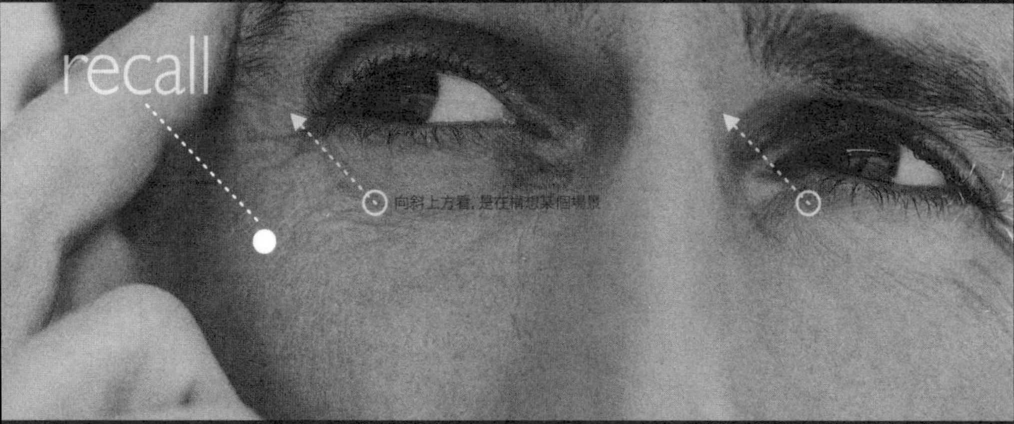

情報摸底術

身體語言解碼

根據外國一項研究所得，當一個人從外界接收訊息後如何作出判決，原來是受三方面影響：訊息內容、説話者的聲音和身體語言。

三者影響性的重要程度依次為：

身體語言：55%

説話者的聲音：38%

訊息內容：7%

從以上的數據可以知道：解讀對方的身體語言，絕對比説話者的聲音和説話內容更具效率，更容易揣摩對方的真心意。

你敢看著我的眼睛嗎？

眼睛是「靈魂之窗」，是真實反映個人內心想法的一面鏡子。因此，當對方向你撒謊時，他的雙眼總不期然的往別處看，而不敢正視你。故此，當我們向對方問問題的時候，一定要用雙眼正視對方。

眨眼的頻率可以反映對方對某件事情的關注程度。當眨眼的次數越多，則越代表他對話題感興趣，這時候你又不妨多說一點，以引起對方的共鳴；相反，如果對方的眨眼次數甚少的話，就代表他對你所說的話不感興趣，這個時候你就要轉換話題了。

眼眉也是重要的線索。當我們說及一件事情的時候，如果對方感興趣的話，他的眼眉會向上揚。

這個技巧最常見於銷售行業中。銷售員可以不停的推介不同的產品，而客人也可能毫無反應。當客人在聽到某件產品眼眉突然向上揚的話，就代表他可能對該產品感到興趣，銷售員就可以專注地繼續介紹該項產品了。

抱歉，秘密是從你手中洩露出去

手部也是解讀身體語言的一個重要線索。手比較容易觀察，而腳則困難一點，因為我們談話通常都是坐著的，即使站著談話，雙腳也是站在地上而不會不停的轉換著各種姿勢。

基本的解讀，就是雙手張開及雙手交叉放在胸前。通常雙手張開的人，心胸都比較廣闊，而且也會比較坦誠開朗；相反，雙手交叉放在胸前的人，心胸比較狹窄，而且會較為悲觀，對新事物比較不容易接受。

掌心方向朝著你或朝向天，代表著真誠、坦白。假如你問對方一件事情，對方真的不知道時，他就會雙掌一攤，說：「不知

雙手交叉放在胸前的人較為悲觀。

道」，然後等著你的解釋；這正是「我不知道你在說什麼」或「我沒有什麼好隱瞞」的意思。

相反，假如對方將掌心朝向自己，或朝向地下的時候，就代表他對你有著防備，而且正在想法子應付你。如果你看到他的眼睛開始不停向著不同的方向望的話，則更準確：因為這樣正代表對方的腦筋已經開始頻繁地轉動，不停的思考著應對的方法。

暴露的範圍越多，漏洞越多

當站著時，如果對方將雙手插著褲袋和你交談的話，對方就有可能覺得氣氛不太自然，又或者對方比較內向。單手插褲袋在上世紀可能是時興或有型，但在現代則解為有規矩、嚴肅和一絲不苟。

在說話時，每個人都會做出不同手勢。有些人手勢特多，說話也很誇張；有些人則沒有什麼手勢。原來一個人手勢越多，就越代表他對話題表現得很興奮，對大家所說的事情也很投入。

相反，如果對方說話時沒有什麼手勢的話，代表他正在思考，也對自己所說的話有所保留。

手勢是加強自己說話觀點的方法，如果自己都抱有懷疑態度，手勢自然會少得多。

越要隱藏的東西，越易敗露

人不是蝸牛，當然不能將全身縮作一團。不過，如果人心存懼怕的話，是會不停將身子拼命往內擠的。這個時候，他們會縮背、交叉雙手、盤腳而坐，並拼命將手腳貼近身體，這就是「有所保留」的意思，可能是出於自衛或保護自己的心態；這種情況最常見於自信心不足的時候。

當人有自信心時，又或者沒有什麼想隱藏時，會自然地將手腳往外伸展。這個時候，他會將雙手和雙腳張開，整個人就像放鬆了一樣。

我們在觀察別人是否有自信心，又或者是否心中有所保留時，四肢的情況就是他內心的寫照。

你是想獻技，還是獻醜？

我常對學生說：最好的台上演講，就是你在台上演講時，能夠保持著你平日和朋友、家人的語氣。大部份人在演講時，都會手腳僵硬，語氣不自然，他們努力地使自己的語氣音調高低有別，誰不知這樣做反而讓人覺得你很造作，而且欠缺自信心。

在平日的生活或工作當中，這個情況也是一樣，如果我們看到客人或朋友，在說話上語氣太過造作的話，就代表他可能自信心不夠，又或者想掩飾一些東西；最常見就是言不副實的言論。我們看見政客或演說家說話時很造作的時候，就要加倍留意了。

好好研究以上所說的身體語言，你會發覺能更易知道對方的真實想法！

施加壓力套出真相

你在一間高級的餐廳裡點了一道小菜。由於你不喜歡吃味精，所以你特意叫侍應通知廚房這味菜不要放任何味精。

沒多久，菜來了。可是當你將餸菜一放進口，才發現味精很重，但你又不太確定自己的想法是否正確，又或者是鹽放多了的緣故才導致問題出現呢！為了不「冤枉好人」，於是你把侍應叫來，問他：「請問這個菜是否沒有味精呢？」

「沒有。已應你的要求，在落單之前已經知會廚房。」侍應的語氣非常平淡。

你完全不能從侍應的説話中聽到任何虛實。請問：你可以用什麼方法，去判斷該名侍應有否説謊？

在日常生活之中，我們不時都會遇到類似的情況：對於別人的說話，我們根本無法辨清對方是否撒謊。這些謊言，我們稱之為「無色、無味」的謊言。當中全無線索追查，而且事情也不太嚴重。

像前文的例子，你在餐廳吃飯，來了一碟小菜，你叫他們不要落味精，他們說沒有，而你覺得有。再問，他們又說沒有……再問？這樣是沒有結果的。

我有一個方法，是專門對付這種「無色無味的謊言」，就是：提升事件的嚴重性，令對方自動自覺幫你認真調查。

在前述的例子之中，你可以對侍應說：「沒有嗎？那謝謝你，我只是想再確認一次而已；因為我有嚴重的腎病，如吃了一粒味精我也會昏迷不醒。你可以再幫我確認嗎？真的不好意思。」

你能夠想想這次侍應會怎麼做嗎？他一定會跟你認真查明，因為這是人命關天的事情呀！

讓對方受壓

又例如，你的車子壞了，要拿去車房修理。車房的師傅對你說星期五前會修好。不過根據你過往的經驗，這部車可能待至星期天還未能拿得到；這樣，你就錯失了一次和家人遊車河的機會了。

如果你如實告知，後果將會如何？車房師傅可能會說明白，但他仍然可能將你的車子放在一旁。

這個時候，我們又可以重施故技了。你可以對車房師傅說：「請問你是否確保星期五之前可以交給我？我的太太正在懷孕，星期五就是預產期。如果她到沒有車子接載她，後果就很嚴重了。」

換轉你是車房師傅，在聽到了這樣的說話之後，也會好好認真考慮一下星期五之前是否可以修好這架車！

有時不用懂得讀心的，只要——「毒招」！

喝咖啡也一樣。例如你叫了一杯沒有咖啡因的咖啡，而侍應拿了一杯可能含有咖啡因的給你，你也不肯定這杯咖啡是「正常」的還是沒有咖啡因的。

你可以對侍應道：「不好意思，我想問明這杯咖啡是否沒有咖啡因；因為我有心臟病，如果吸收了咖啡因，我隨時會倒在地上要入醫院的。」

這時侍應一定會幫你查明。因為人的健康比任何事情都更重要。

如何利用「反話」去套話？

另一種很好用的方法是，講反話然後令對方講真話。這個方法是針對那些「見人講人話，見鬼講鬼話」的人，這個方法可以令對方說出真實的事情。

例如你要參加一個旅行，這時旅行社的職員介紹你參加七日六夜的郵輪團。你不想熱鬧，只想一個人好好靜一下、吹吹海風，享受一下寧靜的環境。

這個時候，你可以對他說：「我太悶了，我只想熱鬧一下，我最期望有派對，很多人的那種，我想問這個郵輪團有這樣的節目嗎？」說完之後，你就可以全神貫注觀察對方的反應。

如果對方是「見人講人話，見鬼講鬼話」的話，他就會道：「那你真的沒有選錯了。這個郵輪團就是有著最多的派對，最適合你這種喝酒喝天光的人了！」

如果對方是說實話的人，他就可能會道：「這個團沒有太多派對，所以也未必適合你；你會否考慮我們另一個『夜夜狂歡派對團』？這個團的特色就是有很多派對給你參加，我相信一定會很適合你的！」就這樣，你就可以立即知道真相了。

騙的「偽」術

順帶一提，你在說出這些話的同時，你也是在編造一個謊言。而謊言要令別人相信，你就要編得合情合理。例如以下的謊言就不是合情合理：「雲吞麵『走青』，不走青我會死的。」很明顯這句說話是沒有說服力，因為一碗雲吞麵不「走青」，頂多不合你口味，覺得難吃而已。

所以，在提出事情的嚴重性時，也要顧及其合理性，這樣才會有說服力得多。

隱藏立場引出真話

在詢問別人的過程中，即使對方答了你，你還是不知道對方是否說真心話。在這個時候，我們就需要解碼，而解碼則可能需要一段時間，並動動腦筋才可以做得到。

我這裡有一個技巧，能夠大大提升對方說真話的機會——擺出模稜兩可的立場，可以讓對方說真話的機會提高。

有很多人在詢問別人意見或問問題時，往往會先表明自己的立場。在這個時候，對方說出真話的機會自然減低，因為對方不想和你持相反的意見，又或者對方知道有些事情你已經決定了，所以不想說一些真話給你聽。

因此，如果你想對方說出真話的時候，你是有必要將自己的立場隱藏，來讓對方說出真心的說話。

我們來看以下的例子，看看兩個發問方式有何不同？

問法一：「我們很久都沒有去過海洋公園了。明天你是否願意和我一起去？」（問題表明你有想去海洋公園的意圖）

問法二：「你想去迪士尼樂園，抑或海洋公園？」（問題並沒有表明你想去哪裡）

在第一種問法中，由於你表明有前往海洋公園的意圖，所以對方即使不願意去，他也可能因為要討好你而答應，你永遠不會知道他內心的真正想法。而問法二中，你沒有表明你很想去海洋公園，所以在對方回答你的時候，你可以知道對方的真正想法。

只有謀定而後動者，穩勝！

我們再來看另一個例子，以便你能好好掌握這個技巧：

假設你喜歡了家強，你卻不知道家強為人怎樣，於是你問你最好的朋友。以下兩種發問方式，看看哪一種方式更能讀出你朋友的真心說話？

問法一：「我想我已經不自覺地喜歡了家強了，明天我會和他約會，你覺得他的為人怎樣？」

問法二：「你覺得家強為人怎樣？」

你認為以上哪一種會較易套取真心話？

那當然是問法二了。在問法一中，你一早已經表明立場自己喜歡家強，而且更向朋友說出你已經約會了他。這樣即使你的朋友覺得家強為人很差勁，也可能覺得不好意思說出真相，說一些好聽的說話，

有時我們需要把自己的立場隱藏起來。

將你瞞騙過去。

相反，問法二就不同了。你只是詢問你朋友覺得家強的為人怎麼樣，對方並未能從你的問題之中而得悉你的真正想法；這樣她就更能就她的意見而和你分享，而你也可以聽得到對方真心的説話。

好好利用這個技巧，來探知別人內心的真正立場及想法吧！

FBI的問話技巧

有時候，如果我們想知道一個人有沒有說謊，我們就要用套話的方式來試探對方，讓對方說出真相。

不過，由於未必所有人都是誠實的，所以我們也要用一些技巧，來掩飾自己的真正目的，也可以在不知不覺間來測試對方的虛實。

以上的方法，我們稱之為「以謊攻謊」。

很多時候，我們都要探求真相。因為知道真相永遠讓我們能夠作出最好及最正確的決定。有時候探求真相的方法，就是直接詢問對方是否說真話。不過，很多時候即使對方說自己沒有講大話，你仍然不知道他是否說真話。

了解疑犯的心理

譬如說，FBI探員用嚴厲的語氣問疑犯：「你有沒有殺人？」你猜疑犯會怎麼答？

他一看到勢色不對，知道承認了之後會有嚴重的後果，當然是答「沒有，絕沒有做過！」了。這時候，警方人員如果要知道真相或要疑犯承認殺人的話，就可能要花一段時間，又或者永遠都不知道真相。

有什麼方法可以令疑犯馬上承認呢？讓我們來看不同的問話技巧所得到的不同效果：

假如警方表示：「如果你有殺過人的話，警方一定不會放過你！」疑犯知道承認了一定會有嚴重的後果，所以他一定不會承認，除非有充份證據。

相反，如果警方說：「你有殺過人，對不對？」這句說話比較好一點。疑犯可能因為不想否認而帶來更嚴重的後果，所以承認了殺人，不過機會也是微乎其微。

「我想跟你談談關於你殺人的事情。」這句說話比較溫和，也像是商量的語氣。這句說話用了「提前假設事件」，即警方假設疑犯已經殺了人，而現在只是和疑犯談談「殺人的事情」而已。疑犯也可能對警方說：「我不想談」，但這句說話已經暴露了真相，警方也可以循此追問下去，再作更多的假設，例如：「為什麼不想談？因為這裡有其他人聽到嗎？讓我們在另一邊詳細商量一下好不好？」

利用「提前假設」的方法以謊攻謊

「你殺人的事情，警方已經知道了，而且證據確鑿。如果你不想再惹更多麻煩的話，讓我們好好的談一下，我們知道你不是有心的；如果警方為你求情，可望法官減輕你的刑期。」這句說話就是語言的技巧了，它包含了幾個目的，原因在於：

首先，這句說話用了「提前假設事件」的方法，而且也用了「以謊攻謊」的技巧。警方可能既未知道，亦未掌握證據；

然後好像幫疑犯設想，用了「如果你不想再惹更多麻煩的話」，因為大部份人都不想惹「更多的麻煩」的；

最後再用一些平和的語氣「讓我們好好的談一下」，這句話沒有代表什麼，也沒有任可恐嚇及要脅，然後再補加一句關鍵字眼如「求情、輕判」，讓疑犯好像得到利益。

用「時間證人」解除對方的防禦心理

再舉一例，大家就能充份掌握「以謊攻謊」的技巧了。

假設有一個女人，她瞞著自己的丈夫和另一個男人展開感情。丈夫覺得妻子最近有異樣，但又沒有確實證據證明有第三者。這個時候，丈夫可以怎樣問妻子，去得到真實的答案呢？

「如果你在外面有男人的話，我就斬了你！」這是一句永遠得不到真心話的問題。因為橫豎給人斬，倒不如現在不說，待事情被揭露了再算。

「你在外面有男人，對不對？」正常的妻子聽到這句說話，一定加以否認，這句說話和第一句相同。

「我想跟你談談關於第三者的事情。」這句比較好一點，因為語氣沒有怪責的意思。但做妻子的，可能只是問：「談什麼？」這時丈夫也可能得不到真相。

「你在外面的事情我已經知道了，我有朋友跟我講過。讓我們好好談一下，我不介意大家開心見誠、坦白點討論；我知道你不

要套出真相，必先解除對方的防禦心理。

是有意的，讓我們來看看有沒有轉圜的餘地。」

這句大概是最高明的套話技巧了。做丈夫的，好像知道很多事情，但做妻子的，卻不知道丈夫知道什麼。丈夫用了「提前假設事件」，然後再用「以謊攻謊」的技巧，去令妻子相信丈夫「朋友已經看到」，不過可能丈夫其實根本沒有朋友看過。

最後，丈夫再用「我不怪責你」的意味，去意圖令妻子說出真相；丈夫說「我知道你不是有意的，讓我們來看看有沒有轉圜的餘地。」

「提前假設事件」及「以謊攻謊」是很好的解碼技巧，因為它可以令對方幫你「自動解碼」！

人性思考的盲點：光環效應

媽媽質問大兒子：「你為什麼欺負弟弟？」

「沒有呀！我沒有欺負他！」大兒子反駁道。

「還説沒有？那為什麼弟弟會大哭？分明是你搶了他的玩具！」媽媽大聲責罵道。

「這件玩具是我的。還有，我沒有搶弟弟的玩具，這件玩具我也沒有玩了，我已經給了他了。」大兒子受盡委屈地道。

「你怎樣説也沒有用！我知道是你欺負弟弟，否則他為什麼會哭得這樣厲害？」

由於媽媽從根本就認定哥哥欺負弟弟，故此無論哥哥怎樣説，媽媽都覺得他有錯。這種現象，我們稱之為「光環效應」（Halo Effect）。

有些時候，我們會對某些人存有偏見。比方說，一個我們不喜歡的人，即使他做了一些好事，我們也可能會覺得對方做錯。例如我們會想：「他也是博表現才這樣做吧！」如果我們抱有這樣的想法，即使對方做什麼都好，我們也不能將對方的說話或行為解碼；即使對方說了真話，我們也不會相信。

故此，無論在解碼或套話時，「持平之心」都是很重要的。如果你心裡一早已經有個決定或看法，那麼對方無論做任何事情都好，你的眼睛就會好像被蒙閉了一樣，永遠不能理性地看事物。

如果你想知道對方的真話，除了在語言技巧及觀察力要下苦功之外，你也要留意自己的立場。持中性立場，以客觀的態度去為對方的說話或行為解碼，才會看到真實的一面。

在前文的例子之中，大明的媽媽一開始就認定大明欺負小明。所以無論大明說什麼都好，媽媽都認為大明是錯的。假如是這樣的話，媽媽就永遠不會知道事情的真實情況。

這種「主觀認定別人是錯的」行為，最常見於男女感情關係上。如果女方認定男方欺負她或騙她的話，無論男方說什麼都好，女方都認定男方是錯的，正是「有理說不清」。

不過，有些時候卻又相反，當女方認定男方是對她好的時候，即使客觀環境或事實上男方怎樣對她不好，女方都會自己想一些理由來說服自己而甘願被騙。

為什麼女方會甘於被騙呢？很大程度上是女方喜歡男方，也一廂情願以為男方會很愛她，但事實卻不是如此。

亞里士多德的見解

在兩千多年之前，希臘的哲學家亞里士多德就說過：「在強大情感的影響之下，我們很容易被瞞騙過去；恐懼控制了懦夫，愛情迷惑了愛侶，只要一點點的事物出現眼前，懦夫就會將它假想成敵人，而愛侶就會將它假想成自己最愛的對象。」這句說話很對。

要想知道真話，就不能心軟，也不能主觀。唯有冷靜分析的頭腦，你才可以將真相揭開，給自己作最好的決定。

如何利用身體語言達致成功？

以下的說話可能似曾相識：

「他今天看起來垂頭喪氣，連鬍鬚都沒刮，是不是跟女朋友吵架了？」

「她說話好嗲，還搔首弄姿，讓人渾身不自在。」

「開會時老闆一直看著我，對我點頭微笑，一定是覺得我表現很好。」

你可能不知道，身體離頭腦越遠的部位，越能真實地反映人的本意？因此，準確地解讀別人的身體語言和善用自己的身體語言，對於我們了解別人、傳遞資訊和作出準確的判斷都是極為重要的。

解讀身體語言之辭典

在人際互動時，從解讀身體語言得來的資訊，往往比話語還多。

這些無聲的線索包括表情、眼神、姿態、手勢、聲音、觸摸，甚至衣著、距離等等。心理學家認為，這些身體資訊和語言表達的關係如下：

1 重複（repeating）：重複談話內容。例如看病時，同時用話語和手勢指出不舒服的部位。

2 矛盾（contradicting）：行為和語言信號不一致。例如交叉雙臂、看著地上，板著臉說：「我贊成你的看法。」

3 等同（substituting）：看到一個人眼眶泛紅、淚光盈盈，不用解釋也知道他正傷心難過。

4 強調（accenting）：以行動加強語意。例如皺著眉、掩著鼻子說：「難聞死了！」

5 調節（regulating）：例如用眼神暗示下一位可以準備發言；語速放慢，表示發言快結束了等等。

身體就像一個無法關閉的傳送器，時刻傳送著人們的心情和狀態。語言通常用來表達正在思考的東西或概念，而非語言資訊則較能

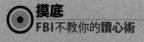

傳遞情緒和感受。因此，在解讀時，必須考慮當時的情境、關係深淺、文化背景等外部因素。例如在西方，擁抱、親吻是普通的社交禮儀，但在東方，卻可能會被誤解成輕佻無禮。

解讀身體語言：意在言外

姿勢、表情和動作，可以泄露你的真實想法與個性。那些隱藏在身體語言中的情緒可分為幾大類：

1 開放與接納：咧著嘴笑；手掌打開；雙眼平視。

2 配合：談話時，身體前傾，坐在椅子邊緣；全身放鬆、雙手打開；解開外套紐扣；手托著臉。

3 自信：抬高下巴；坐時上半身前傾；站立時抬頭挺胸、雙手背在身後；手放在口袋時露出大拇指；掌心相對、手指合起來呈尖塔狀；翻動外套領子。

4 緊張：吹口哨；抽煙；坐立不安；以手掩口；使勁拉耳朵；絞扭雙手；把錢、鑰匙弄得叮噹響。

5 缺乏安全感：捏弄自己的皮膚；咬筆桿；兩個拇指交互繞動；啃指甲。

6 挫折：呼吸急促；緊握雙手不放；撥頭髮；撫摸後頸；握拳；絞扭雙手；用食指點物。

7 防衛：雙臂交叉於胸前；偷瞄、側視；摸鼻子；揉眼睛；笑時緊閉雙唇；緊縮下巴；說話時眼睛看地上；瞪視；雙手緊握；說話時指著對方；握拳作手勢；撫摸後頸；摩拳擦掌；雙手交握放在後腦勺，整個人向後靠在椅背上。

解讀身體語言：為我所用

以下幾種情境，可提示你如何借身體語言達到目的或解決問題：

案例1：當不幸被發現超速駕駛時……

你正駕車趕著赴約，不知不覺越開越快。當你從後視鏡裡看到警車的閃光燈時，才知道自己違規超速。警察攔下你準備開罰單，這下，你不僅遲到，還要破財消災，此時，你該怎麼做？

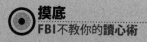

專家錦囊

專家提示：千萬不要企圖解釋你超速的理由說服警察不開告票，這只會讓雙方僵持在告票之上，甚至演變成爭吵。面對警察，你的態度一定要服從恭敬；乖乖地下車，用低姿態和警察交涉。你可以強調自己的愚蠢、不負責任，而警察每天要處理這麼多像你一樣的人闖的禍，是何其辛苦。

記著，說話時掌心朝外，聲調不要高，以此代表你並無敵意且真心懺悔。請求他原諒你一次，這種情況下，警察可能會扮演起父母的角色，生氣地責備但還是原諒了你，最後收回罰單。

要人際關係順利，可借身體語言達到目的。

案例2：孩子偷了別人的東西？

你的孩子放學回家時，帶回來一個你從未見過的玩具。他告訴你這是朋友送的，你卻不信，擔心玩具可能是他「順手」帶回來的。怎麼辦呢？

有些人說謊時不動聲色，單調的陳述理由，以免敗露；還有些人說謊時會結巴、回避目光接觸，坐立不安。

如果你希望孩子爽快地認錯，提問時，別忘了要求他的眼神正視你，緩緩拉近距離並摸摸他，握住他的手，解除他的防備和緊張。這種親密互動能加深孩子因說謊帶來的不安，為了紓解壓力他會願意吐露真相。當孩子承認錯誤之後，別忘了坦白從寬，誇獎他的誠實。如果父母揭穿謊言後立刻動怒，孩子便會認為說實話不是好事，從此不再願意認錯了。

案例3：面試的時候

有一個新工作的面試機會，你躍躍欲試，但對手也很強。於是，你非常緊張，希望能給主考官一個好印象。你可以怎樣做呢？

從見到主考官的那一刻，你就必須留意自己的身體語言：微笑並直視對方，如果他回以微笑，表示你有一個好的開始，假如對方面無表情，也不要使自己的焦慮流露出來。請注意眼神的接觸，正面響應主考官的身體語言，突破他的防線：他緊繃著臉，你就面露微笑；他姿勢僵硬，你就放鬆，像照鏡子一樣。

記住，別交叉手臂，也不要蹺二郎腿；雙腳略為平行，正對主考官而坐。雙手輕鬆下垂或置於膝上，眼睛平視，不要亂瞄或東張西望。坐姿稍向前傾可以給人積極的印象，但別太靠近免得造成壓迫感，如果注意到主考官不自覺後退，試著放鬆你的姿勢，微微向後靠。

SECRET

02

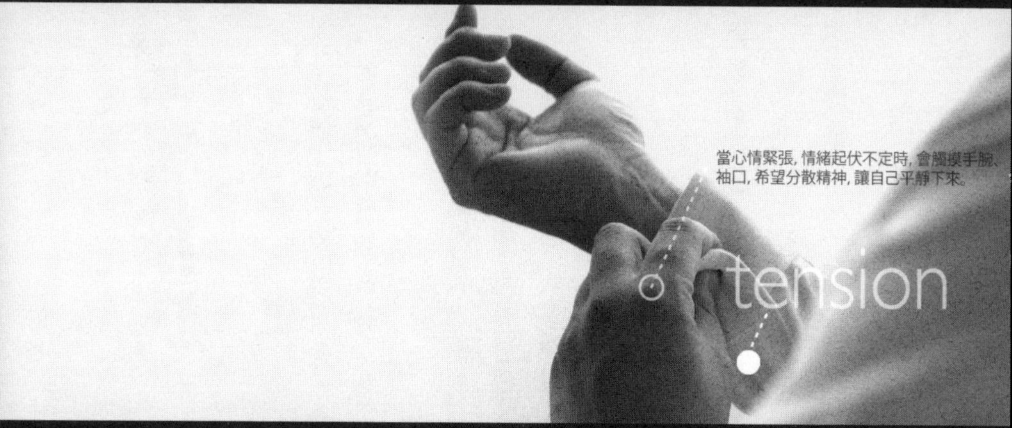
當心情緊張，情緒起伏不定時，會觸摸手腕、袖口，希望分散精神，讓自己平靜下來。
tension

謊言解碼術

暗示性問答技巧

眾所周知，當年美國的「水門事件」曾引起軒然大波。在有關的記者會上，記者們都想知道有沒有人為此要負上責任，甚至辭職。

以下是在會上記者與白宮發言人的對話：

記者問：「到目前為止，總統有否要求任何人辭職？」

發言人答：「白宮沒有任何人事變動。」

記者於是再問：「你還未回答我的問題。我是問：總統有否要求任何人辭職？」

發言人雙眼怒目而視，大聲回答：「我知道你問我什麼，而我第一次就已經說明白了。我現在再答一次：白宮沒有任何人事變動。」

你懂得拆解這句說話嗎？

以上的例子，正是「暗示性答話技巧」的例子：

我們在回應別人的問題時，一般情況之下都是有話直說，即是用「Yes」或「No」的答問方式，然後就「Yes」或「No」再作引申。

可是，當我們不想回應問題時，往往都拉扯其他話題來，又或者含糊地用別的話題充塞對話的內容，務求令對方知難而退，不再追問。而在這些含糊不清的回應之中，通常都會夾雜著一些暗示性的語句，即例如：

「我已經告訴過你了！」

「我不是對你說過嗎？你又再問？」

「我已經說了很多遍了！」

「我再說一次！」

這些暗示性的話語，是想說明他本身已經回應了你的問題。不過在這些字眼的背後，可能表示對方根本就沒有回應你問題的意思。

在前述的例子當中，白宮發言人就用了「我知道你問我什麼」、「而我第一次就已經明白了」及「現在我再答一次」這三句暗示性的話語；不過即使他用了這三句暗示性說話，還是沒有回應記者的問題。

可是，只要我們細心一想，就可以拆穿對方的「西洋鏡」：「白宮沒有任何人事變動」和「總統是否要求任何人辭職」是兩碼子的事，所以聰明的記者們又怎麼會受騙呢？

美國尼克遜總統在水門醜聞曝光後舉行記者招待會的資料照片。

一條問題測謊法

大衛約了他的好朋友美尼上茶樓。

「大衛，為什麼最近總是沒精打采的？」美尼很關懷地問道。

「對呀，因為剛被公司開除了，我現在正在另覓工作呢。」

「哦，是嗎？讓我幫你問一問，我和現公司的人事部很熟絡，我可以看看有什麼工作適合你。」美尼馬上道。

「那就拜託你了。」大衛滿懷希望地説。

過了兩天，大衛打電話給美尼，問她有沒有幫他問人事部。「那件事呀？我已經通知了人事部，假如他們有合適的位置就會找我。我和他們很熟絡的，放心吧！」

你認為美尼的説話可信嗎？

在日常生活當中，我們不時都會找朋友幫忙，也有些情況是朋友主動提出幫忙的。例如前文的例子之中，大衛並沒有主動要求美尼幫他找工作，只是美尼說自己和人事部很熟絡而已。沒想到大衛信以為真，過兩天真的打電話去詢問美尼有關見工的情況。

如果美尼是有心的話，她應該會主動問人事部，無論結果如何，她都應該主動打電話給大衛，告訴他人事部的回覆。在這個事例之中，美尼並沒有打電話給大衛，而她「是否和人事部很熟絡」也是一個疑問。

凡事只要想深一層就知道了

人總喜愛吹捧自己有多棒，這個情況便是一例。我們不能從別人表面的說話判斷對方是否講大話，但如果想深一層就會知道了。

在這個例子之中，第一次大衛是無法知道美尼是否真的和人事部很熟絡的。但當過了兩天，大衛再打電話給美尼的時候，美尼用了「哦，那件事呀？」這個字眼，好像她突然醒起這件事似的，就足以證明她根本沒有問過人事部了。如果她有在第一次和大衛會面之後馬上打電話到人事部查詢，她會用「我有幫你問過」這組字眼，而不會用上「哦，那件事呀？」這組疑問句。

大衛在聽到這樣的說話之後，應該心裡有數，知道美尼並沒有幫她詢問人事部，而識趣地不要再問了。

解碼方法1：要求提出證據

要知道別人是否講大話，明明沒有那個關係卻說成自己好像很有關係，我們不妨觀察一點，就是對方是否每次都在相關的話題提出時自己說「對呀，我和某某很熟絡的」等字眼。通常這些都不會是真的，如果對方一提再提則更明確；又或者，在對方提出之後，再問他一個追問問題，讓對方露出尾巴，你就更能肯定你的想法。

真正和某某關係好，是不需要在相關話題提出時才說明的，應該是自己主動提出，這樣會比較真實一點。

我舉一個例子，說明怎樣追問對方多一個問題，令對方原形畢露。

我有一次和朋友的聚會之中，談到某歌星的演唱會票很難買。席間有朋友大聲說：「你怎麼不早點和我說？我和那間公司的經理人熟得不得了，如你找我，別說是四張門票，十張門票也不是問題！」他好像有點不值的樣子。

就憑他這句說話，我是不知道這位朋友是否真的和那間唱片公司的經理人很熟。於是我問了一句追加說話，我道：「哦，是嗎？那我應該一早找你了，我一早就知道你人面廣呀！」

對方顯然很受落，他說出這番話，可能

只要再問多一個追加問題，就可以知道真相。

無非是想別人讚他。於是我繼續道：「我也不知道那間唱片公司的經理人是誰，請問你能告訴我嗎？」

他萬料不到我有此一問，當時呆立當場，完全不知如何應對。我於是再問：「那做你的朋友真好，麻煩你可否幫我買四張門票呢？」

他知道是要說話的時候了。他道：「哦…哦…這個嘛，他其實是我朋友的朋友，我不大記得他的名字了。」

說到這裡，我也識趣的沒有再追問。他這句說話，已經清楚表示：他根本和這個經理人不熟絡。我從未聽過熟悉的朋友可以忘記他的名字。

有時候，如果我們不能在第一句說話知道對方是否說謊，只要再問多一個追加問題，就可以知道真相。而這個問題，通常都會假設對方的說話是真的，然後要求對方提出證據。

解碼方法2：說出一些非存在的事實，然後觀察對方回應

第二個方法在私人場合比較少用，但在商業社會之中我卻常用，而且非常有效，就是提出一些似乎合理的事實來等對方回應。

比方說你有朋友在席間說他去過埃及旅行，而你懷疑他說的話不是真的，於是你問他：「我聽說最近往埃及需要打預防針才可以入境，那你一定很麻煩了？」

如果對方沒有去過，他也不知道是不是真的，所以他可能回應你道：「是呀，真麻煩！」

如果對方真的有去過，他就知道往埃及不需要打預防針，他就會道：「那麼奇怪？我從來沒有聽說過呢？我沒有打過預防針！你是聽誰說的？」他會反而理氣直壯反問你。

在私人場合我比較少用這個技巧，因為朋友之間如果對方真的要講大話的話，也不需要問得太過清楚，朋友的交往不是審犯。但

在商業社會之中，我們就有必要探究虛實，因為商業社會裡和你接觸的人未必每一個人都對你講真話。

例如在一次銷售之中，銷售員向你介紹一部電腦的功能。他說：「我們這部電腦是最新型號，而且在鍵盤的位置方面最得了專利。」這時，你可以問他說：「是嗎，我看到 Fujitsu 的電腦也有相同的鍵盤位置」來看他怎樣回答。

如果他說：「不會吧？我們這項專利，別的公司是無法應用的。」則證明這個鍵盤配置真的是一項他們獨有的專利。

如果他說：「是嗎？那可能我記錯了，買了專利的地方可能不是鍵盤」則證明這個鍵盤配置是專利的事情是假的。

好好利用這個技巧，你就能夠套出你想知的事實。

利用時間引爆謊言

無論人類製造多麼動聽及似乎合理的謊言也好，時間會令真相揭開。

一般來說，大部份人都不喜歡說謊。因為說一個謊言的後果，是他要製造更多的謊言去掩飾自己，而且大都會被揭露出來。即使在當時可以瞞騙過去，可是在過了一段長時間之後，無意之間真相又會被揭開，而且多是說謊者自己去揭開的。

例如我在數年前和友人談過，開哪一款的車子比較好，他馬上道：「當然是保時捷，因為我有一個朋友擁有一輛保時捷，而且我也借過他的車子開過好幾次，那種速度真的難以形容，我最印象深刻的，就是它內置的十八個車廂喇叭，音質簡直是完美！」

看到他繪形繪聲的形容，我當時也信以為真。再加上我是一個對數字非常敏感的人，聽到他說「十八個喇叭」，能夠將說話量化成那樣，也不會有假吧？我當時並未有放在心上。

過了數年，在公開場合之中我又見到這位朋友，這次我也是問他開哪一款車子比較好。因為我之前記得他講過保時捷，所以我特意再問他保時捷的性能如何。

誰知他道：「這個我就不知道了，我沒有開過保時捷，而我的朋友之中也沒有人買保時捷跑車。」我聽在心裡，暗地裡已經知道他在數年前已經講了一個大話，不過到現在忘記了。

拆解講大話的「藝術」

講大話的「藝術」，是你一生都要記得你講過那個大話，不過除非是很嚴重的事件，否則一般情況下你是很難記得住的。

我的朋友之所以在數年前要說這個謊，是因為他可以借此機會充大頭、扮高級；不過在數年之後他又忘記了。

所以，我第一樣要和大家分享的，就是有某些謊言是有時間性的。時間一久，即使那個謊言怎樣完美也好，也會自動引爆，而且多是說謊者自己引爆的。

如果對方跟你說了一樣東西，你覺得有可疑，而又不想即場查證的話，你不妨將這件事記下來，過了數個月，又或者是數年，再將同樣的事情再次詢問對方，對方就有可能跟你說出真話。

時間會令真相揭開。

來者不善的關鍵字眼

「莊臣，有些事情想找你幫忙。」添美道。

「是什麼事呢？看看我可否幫得上忙？」莊臣關懷地問道。

「最近家裡有點事情，所以週轉方面有點困難，我想問你可否借一萬元給我？」添美道。

「這個……」莊臣面有難色。

「大衛，你是我最好的朋友；你也明白，這些事情，我也不敢隨便對人說的；因為你是我最好的朋友，所以我才向你開口。」

相信每個人都會有以上的經驗，但結果會是如何呢？十居其九都是一去無回頭，更糟糕的，就是對方再次問你借錢，你又不好意思推卻，一時之間找不到藉口。

如果我們能夠在對方表明心意向你借錢之前知道對方的來意，這樣自己就有準備了，即使要推卻，也可以預早想好理由，免得到時不知道如何應對。同一時間，我們也要了解對方借錢常用的說話技巧，好等自己不會掉進陷阱。

久未露面，必有所求

如果是一些久未見面的朋友，突然間打電話來，就有機會問你借錢；又或者，對方在事前說「有些事情想單獨跟你商量一下」，其實也是借錢的先兆，因為這個世界是沒有太多事情需要單獨商量的。

其他如「密斟」、「傾密計」、「和你講心事」等事先張揚和你談心的字眼，你也要小心一點。

有些時候，日間的同事或朋友會說：「待你晚間方便一點才打電話給你。」這些都是準備向你借錢的字眼，你要有心理準備。

突然故作老友

有些人是很奇怪的，開口向別人借錢，口裡就說：「這些不是太過光彩的事情，我也是當你是我最好的朋友才會跟你說。」你回心一想，他可能不是你最好的朋友，卻突然跟你「扮friend」，你自己要衡量你和對方的關係，也要衡量自己的經濟狀況，才可以作出決定。以下是他們經常使用的句式：

1「只是問一下而已，不方便就由得它吧。」

借錢的人，通常都會說得不太介意，也會說「只是問一下而已，若果不方便就由它吧！」，這招以退為進，其實是希望得到你的同情。

2「我很快會還，只是現時週轉不靈而已。」

這句說話也是借錢的人常用到的，目的就是要你放心，給你信心借錢給他；不過，事實告訴我們，十居其九都是一去無回頭，轉過頭也就忘記了還錢。

3「我可以分期給你，三個月就還清了，絕不會拖。」

有時候，對方唯恐你怕他沒有能力還款，於是就用分期來吸引你借錢給他，目的只有一個：想你儘快答應借錢。無論這個還款期訂得多麼合理都好，到頭來對方多不會跟著做。

借錢的藝術

借錢，其實是生活中的一種藝術，如果處理得不好，隨時連朋友也失去。為什麼呢？因為對方本來可能是你的好朋友，卻可能因為對方沒有還錢而不敢再找你；我聽過很多這樣的例子。

而且，對方問你借錢之後，會發覺和你的地位不再是對等；因為你是債主，對方是債仔。所以，在借錢給任何人之前，一定要三思，免得有可能得罪了一個朋友，又或者失去了一個朋友。

先衡量自己的經濟狀況

第一件事最重要的，就是要衡量自己的經濟狀況，如果自己沒有那個能力的話，就不要勉強自己去借錢給人。這個情況看似無稽，但實際上已經發生了在很多人的身上，因為大部份人都不好意思推卻，這就是潛意識的影響了。人的潛意識是想說「Yes」，而不願說「No」，因為說 No 等於拒絕，拒絕朋友是很困難的，而說「Yes」可能很簡單，卻可能帶來嚴重的後果。

將借錢當作送錢

借錢給人，最重要的問題是「不要當作借錢給人，而是當作送這筆錢給對方。」這話怎麼說呢？因為大部份人都是借錢不還的，與其希望對方會還錢給你，倒不如想像將這筆錢送給對方。如果當作送錢給對方你也沒有問題的話，那就可以借給對方了。

考慮和對方的交情

再來就是考慮自己和對方的交情了。

「借錢容易還錢難。」相信有借過錢給別人都知道，對方問你借錢時，總是好言相求，但過了一段時間之後，你要找對方還錢就很困難了。除非你有著雄厚的背景，又或者你能夠硬著心腸去找收數公司收數，否則要對方還錢是很困難的。

如果是這樣的話，不如不借好了。

此外，我有一個非常好的方法，既可以不傷自己的荷包，也不傷和對方的感情。就是當對方開口問你借錢時，你說你沒有這麼多錢，但可以給他部份金錢。例如對方問你借一萬元，你說你沒有那麼多錢，但可以給

要拒絕別人，需要一些方法。

他一千元幫助他。對方通常都會接受，而日後也不會因為借錢的問題而令雙方「面左左」，你也可以在將來見面時絕口不提這件事。

當然，如果對方一借再借，你就要拒絕了。

確認對方的真實想法

在一個產品的發佈會上，占美很用心的為客人介紹了自己公司最新的手提電腦。

介紹過後，占美很緊張的問客人：「你們覺得這部手提電腦如何？」

「棒極了！你做的介紹非常好，我們都很清楚這部手提電腦的功能。」

「那麼，你是否會考慮購買我們的手提電腦？」

「這部手提電腦真的不錯，不過……」

你認為客人會購買占美的產品嗎？

要知道對方是否認同你的觀點是非常重要的。如果對方認同你的觀點，即使你的說話錯漏百出也好，對方也可能會原諒你，而認同你的講法；相反，如果對方和你的理念不一致的話，即使你再努力也好，對方也可能不會認同你。

有些人深藏不露，無論你怎樣問他，怎樣旁敲側擊他都不會透露半點口風；這對一般人來說，要知道對方心意，是一件很困難的事情；但其實要揣摩對方心意絕不困難，我們只要花少許心思就可以達到了。

不知道對方是否認同你，和自己有沒有留意對方的神態、表情及所說的每一句話有著直接的關係。只要你留意一些關鍵性的字眼，及一些顯著的身體語言，你就可以知道對方的心意；對方不說，你就要靠自己看出來。

1 當對方認同你的時候所用的詞語

a.「Yes⋯and」

當你所說的話就等於對方心中所想的時候，他絕不會用一些反對的字眼。相反，他會用一些認同你的字眼，例如「Yes⋯and」，「Yes」代表同意，「and」代表對方會因應你的意見而加以認同，再加上一些認同你的觀點；這個時候，你就可以繼續就你的觀點再闡述下去，然後再繼續留意對方的表情。不過，對方只講「Yes」是沒有用的，因為有些人，常會先說「Yes」然後又反對，所以你要留心聽對方說了「Yes」之後所說的話。

例子：

同事A：「我覺得這個場地太少了，我們是否能夠考慮租借別的場地？」

同事B：「是的，這個場地太少了（表示Yes，要留心對方第二句的說話，看看他是否真的同意），還有就是這個場地太過嘈吵（用了and，證明對方因應你的話再加上個人意見去鞏固你的觀點），我建議再去找別的地方（加上個人提議，而這個提議是認同你的，可以肯定對方是認同你的說法）。」

b.「Yes…in addition to」

這組關鍵字和「Yes…and」一樣，都是認同你的說法的關鍵詞。對方除了認同你的說法之外，也會再加上一些新的東西，可以令你想得更闊，更廣，也有更多的選擇。

2 當對方不認同你的說話時所用的詞語

a.「Yes…but」

這個說話技巧在現時香港或中國的商業社會經常用到，就是一開頭先同意你的說法，然後卻加上「but」，其實對方就是不認同你的說法，只是開頭假裝同意，來令氣氛緩和而已。

在前述的售賣手提電腦過程之中，客人在開始時假裝認同這部電腦的功能很棒，認同占美的銷售技巧，但其實客人心中根本就沒有意思購買這部手提電腦，所以在「Yes」之後加上「but」。

所以，和對方磋商或對談時，要清楚留意對方有沒有用「but」這個字眼，如果有的話，就可以肯定對方不認同你的說法。這個時候，我們就沒有必要堅持己見，靜心及專注聽聽為什麼對方不認同你的想法，如果你能夠在對話的過程之中，不停的改變自己說話的用字，你最終都有可能說服對方。

不過，如果對方一早對你已經心存成見的話，這個技巧就用不著了。最常見於下屬對上司，又或者同事和同事之間的關係。即使你改變立場，對方還是會想辦法去反對你，對這種人說話最沒有意思，不過我們也有對付的方法。

3 將對方的立場說出來，成為自己的立場

最常見的方法，就是想辦法先猜想對方的立場，然後馬上說出來，當作是自己立場。以邏輯推論而言，如果你說的話就是對方的立場，對方是沒有理由反對你的。

這樣做有一個好處，就是對方會覺得很舒服，因為你說的，正是對方心中所想的話，他會覺得你和他同一陣線，而會對你另眼相看。

至於怎樣推敲出對方的立場，就要好好利用本書所教的技巧了。

4 對方認同你說法的身體語言

當對方認同你的時候，他的身體語言會不自覺間表露出來，如果你能夠注意力，你就很容易把握對方的想法，從而把自己推進一個有利的形勢之中。

a. 不停大力點頭

請注意：是不停的大力點頭，而不是微微點頭。每個人同意對方說法時的點頭力度程度會有所不同，有些人會比較誇張一些，有些人會比較內歛一些；我們要常常觀察對方，才可以知道那種程度的點頭，才算是同意的點頭。因為有些人只是禮貌性質點頭，而他打從心裡根本就不認同你的説法，如果你看見對方微微點頭，就以為對方同意你，你就大錯特錯了。

不過，有些人真的是非常內斂，所以即使很認同對方的説法的時候，也不會誇張地點頭，我們要留意這一點。最常見於見工的時候，稍有經驗的人事部工作者，都不會在外表給對方知道自己心裡的想法。這個時候，我們就要從其他的途徑去得知對方是否真的同意你所表達的想法。

b. 身體微微前傾

人有好奇心，當你説的話吸引了他的興趣時，他會不自覺的身體微微向前傾，因為他潛意識想得知事物的真相，又或者想聽清楚你説什麼。對方的身體會不其然的向前傾，這代表他對你所説的東西感到興趣，這個時候，你不妨就你説出的觀點盡量發揮，然後在適當的時候反問對方，看看對方的反應。

c. 對方向你展現微笑

這個是一個很重要的訊號。當對方向你微笑的時候，其實就是對你暗示他認同你的想法，而微笑則是一種鼓勵，目的是要你再說下去，讓他完全聽清楚你的觀點。這個時候，你也應該以微笑的表情回報對方，讓對方產生共鳴及認同感，這樣你們兩個人的理念就會一致，而作出進一步的商討，甚至達成共識。

5 對方否定你說法的身體語言

有認同，必有反對，如果看見對方作出以下的身體語言，你就要小心了。

a. 木無表情

你不停的說話，對方卻木無表情，這是一個很糟糕的訊號，代表著對方可能不認同你的想法，又或者覺得你的說話太過沉悶，這個時候，你就要想一想自己的說話立場是否和對方對立，以致和對方不能達成共識，又或者不能得到對方的認同。你應該開始轉變自己的用字，又或者反問對方的觀點，以確定對方的想法。

這個道理其實很簡單，對方木無表情，一定有其原因。不過在我認知的人當中，大部份人都不會有此「自知之明」而令我迫不得已出招令氣氛改變。最常見於市面上的講座之中，有免費的；有付費的；大部份聽眾都顯得木無表情，其實是講者本身的表達能力有問題，又或者內容太沉悶，以致聽眾都不想再繼續聽下去。其實講者只要稍為留意一下，就可以看到聽眾「釣魚」的眼神，就可以知道聽眾已經開始覺得沉悶了。

我見過更糟糕的，是在某一次的講座之中，講者看到聽眾什麼反應也沒有，大家都木無表情。他突然之間說：「我是否說話太過沉悶呢？我的表達方式就是這樣了，沒法改變，而你們也一定要聽我講完，才可以離開這個課室。」沒有比這個更糟糕了！

在我舉辦的講座之中，我每一次都會很留心注意聽眾的反應，也不時的問他們問題，好讓他們都處於「戒備狀態」之中，因為在座的每一個人都有機會答問題，他們也自然全神貫注地聽我所說的話。

另外，我也會不停的轉換話題，如果我看到學生木無表情的話，我會馬上轉換話題；當情況沒有改善的時候，就有可能他們是太過疲倦了，我就會讓他們休息一下，然後再重拾心情上課。

b. 雙手交叉放在胸前

這是一個保護的狀態，意味著對方要開始防衛你，也代表對方不太同意你的說法。這個時候，應該將發言權交給對方，當對方說話的時候，他自然會放開雙手，因為他潛意識開始告訴他，是時候表明你的立場了。

不過，凡事總有例外，如果是上司對下屬的關係，上司說話，下屬不同意而將雙手交叉放在胸前，上司問下屬意見時，下屬不敢不從，於是可能口中答應，但心裡卻不同意。這個時候會有一個現象，就是下屬繼續將雙手交叉放在胸前！

如果你是上司，看到有這個情況時，你就已經清楚知道，你的下屬表面附和，其實心裡根本不同意你的想法；這個時候你應該具體問問你的下屬，再清楚了解一下為什麼他不同意你。

c. 雙眼不停的注視著地下

如果對方雙眼沒有看著你的話，你就要留意他視線的方向。根據心理研究報告所得，人在得到負面情緒時，會將視線不自覺地落在地下。請不要搞錯，如果對方將視線落在天花板上的話，就暗示他已經開動他的大腦，想辦法去想出一些新的想法出來。所以，對方的視線落在哪點是非常重要的。

從身體語言確認對方真實想法。

最常見是父母責罵子女時，子女咀裡不敢反駁，但視線卻落在地板上。這意味著他極之不滿，而且充滿著負面的情緒；相反，如果孩子的眼睛是望向天花板的話，他雖然也可能不認同你的說法，但卻是「左耳入，右耳出」的姿態，他未必有負面的情緒，可能心裡想著另外的事情也說不定。

如果你有孩子的話，下次不妨留意一下，你會看到一些你平日看不到的事情。

說謊者特徵：缺乏第三者觀點

保羅及傑克這天放學，由於遲了個多小時才回來，令兩位媽媽非常不滿。

於是兩位媽媽問他們放學去了哪裡？保羅和傑克的回答如下：

保羅：「我放學去了打籃球，然後和錦昌吃麵，談了半個小時才回來。」

傑克：「我放學去了踢足球，還輸了給志偉；然後和同學吃東西，嘉豪還說那碗麵很難吃，叫我們下次不要再來這裡。」

這裡其中有一個人在說謊，你能說出是誰嗎？

在日常生活或工作之中，我們有時候都會問及別人一些發生過的事情。而別人都會像陳述東西一樣，將一件事原原本本的講給我們聽。

可是，我們單憑事件本身，是無法得知對方是否講真話，不過我們可以依循一個方法，就可以有全新的理解。這個方法就是：看看對方在陳述句子之中有沒有第三者觀點的描述。

沒有加上他人觀點的陳述多是謊言

在前文的例子當中，保羅是說假話，傑克是說真話。兩句說話的意思幾乎相等，都是說去了玩球，然後吃東西；分別就在傑克的第二句陳述之中，有「嘉豪說那碗麵很難吃，叫我們下次不要再來這裡。」

通常人在編造故事時，往往用上第一身的角度看事情，例如「我覺得這很難看」、「我吃了一碗雲吞麵」或「我搭了地鐵」等。絕少用及第三身的角度去看事物。因為要編造第一身的故事已經很難了。說謊者已經要聚精會神去令故事看起來很完美，而不會再花額外時間去編造第三者的角度；因為他們覺得如果再加上第三者的觀點，事情就會很複雜，又或者錯漏百出（事實的確如此）。所以，他們一般都會以第一人稱去陳述整個過程。

拆穿撒謊者的「西洋鏡」

有些人編故事很厲害，你初次聽起來好像很合情合理。但如果你再追問關於第三者的事情，他就會前後矛盾，甚至乎精神分裂。例如在保羅的例子之中，如果你問第一人稱的問題，如「除了雲吞麵，你有沒有吃小吃？」、「你打籃球的比數最後是多少」、「你和錦昌談什麼？」等都是很容易回答的問題。但如果你問他關於第三者的觀點，則很容易會看出破綻。

例如保羅的媽媽可以問：

「錦昌今天穿什麼衣服？」

「錦昌有沒有說及小玲？」

「今天打籃球有沒有人中途退出？」

別看這是一些簡單的問題，你自己想一想，其程度是可以很複雜的。因為保羅現在是「無中生有」，以第一人稱去編造故事還可以，但如果要他想及其他的人的事情，他一定要編造多出很多倍的謊話，就如一變十，十變百，百變千，千變萬，還要確保每個細節不會有錯。

相反，傑克沒有說謊話，所以從一開始他就會不自覺地說及第三者的觀點，因為這些對話或事情是真的有發生過；即使你再問他，他也可以對答如流。

好好利用這個技巧，來作為你對別人的「語言測謊機」！

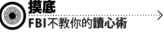

解拆「不願置評」

有兩個很有名氣的男女明星，被外間傳他們打得火熱，正在熱戀。

很多記者走去問男明星，問問他對這個傳聞的看法。

男明星什麼也沒有說，只是說：「不願置評。」

你覺得這個傳聞是不是真的？兩人是否在拍拖？

我們常說：「空穴來風，未必無因。」很多時候我們都會聽到一些傳言，而去求證當事人，而當事人通常會說一句話，就是「不願置評（No Comment）。」如果當事人說「不願置評」的話，很大機會那件事都是真的。

不出聲等於默認——不願置評

當然，有些時候一些是是非非都是背後有人惡意中傷，又或者刻意製造一些傳聞出來，但這些事情發生的機會畢竟少之又少。

人會掩飾，人會講大話。但人在講大話的時候，本能地都會有一種犯罪的感覺；因為我們從小至大，父母及老師都會教我們「講大話是不好的」。亦因為如此，我們的潛意識都會叫我們不要講大話，除非是迫不得已的時候，否則我們寧願說一些真實的事情，良心才不會受到責備。

「不願置評」其實是不願講大話的一種心理反映。因為如果你對該事情沒有任何意見的話，你不等於講大話，你只是選擇不說而已。但對該事情沒有意見，既不承認或否認，百份之八十的事情都是真有其事的；因為對方不想講大話，但又不想正面承認一件事，所以利用了「不願置評」這個字眼。

觀察對方回應問題的時間

除了聽到這些關鍵字詞來判斷事情是否真實之外，利用觀察對方的即時反應也可以知道事情是否真實，方法是看對方在你問問題之後回應的時間。

原來，如果一個人真的要講大話時，腦海之間也無可避免地要組織一下整件事情，要想想怎樣說才能令到事情「聽起來像是真的」；這個時候對方開腔回應之前一定會有所停頓，只要我們能夠把握到這短短的一、兩秒，我們就可以利用這個現象去評估對方說話的真確性。因為如果對方說實話的時候，其實是不需要太多時間去思索的，對方要講大話，總會有一、兩秒的停頓。

如果對方沉默不語，可能在想怎樣不說出真相。

你想知道對方是否說實話，你只需要在問了問題之後，專心一意地留意對方的表情。如果對方沉默不語，雙眼不正視你的話，他就有可能在想怎樣不說出真相；當對方回應了之後，你還可以就對方的回應再問多一兩個問題；如果對方還是在每次回應前都要思索一兩秒之後才回答你的話，他就有很大機會不是在講真話。

根據我的經驗，這一招非常實用。你並不需要當面拆穿對方的大話，你可能只要再問多一兩個同樣的問題，對方就可能會招架不來而露出尾巴。這個「套話」方式的好處是，你並不需要對方承認他所說的話的真實性，而是要對方主動否認你所說的話；當對方不主動否認時，你就已經可以立即知道其真實性。

就假設的事實加以發揮

還有一個方法，就是對方沒有正面回應你的問題時，不妨大膽假設你說的話是真的，然後就假設的事實加以發揮，看看對方反應如何。

例子：

你說：「我聽說你和瑪莉拍拖了，是真的嗎？」（說出一句未經肯定的句子，等待對方的反應）

（對方默然，沒有再說話。）

（假設這句說話是真的，然後再加發揮）「其實瑪莉人品也不錯，你喜歡她也是人之常情呀！」你繼續道。

（對方再默然，仍然不說話。這個時候，你已經可以肯定對方九成九是和瑪莉拍拖了，不妨再繼續假設這件事情是真的，然後再繼續發揮。）

「事情發生多久了，怎麼要這麼保密呢？拍拖又不是見不得光的事情，瑪莉可能在發怒你不公開承認你和她的關係呢！」

對方終於開口了。他道：「才不是呢！是瑪莉叫我不要說的！」

這就是套話的最有效方法。

解讀別人的反話

「媽媽，我今年大學要選科了。你有什麼意見？」彼德道。

「最重要是你自己喜歡就可以了，你自己心裡有什麼想法？」

媽媽表現出一副親切的樣子。

「其實我自己已經想好了。我對中國歷史這麼有興趣，我想報讀中國歷史的學科。」彼德歡喜地道。

「彼德，不是說中國歷史不好，而是讀完之後選工作可能會比較困難，你自己要再想一下。」

「我不是說這樣不好」其實可以解讀成「我就是說這樣不好」！

很多時候，我們都會聽到別人說「我並不是說這樣不好，而是……」如果你有聽到這樣的話，你就要小心了。

如何從別人的反話中套取有用的資料？

從彼德選學科的例子當中，彼德的媽媽說「我不是說讀歷史不好。」可是事實真的是如此嗎？

當然不是。其實剛剛相反，彼德的媽媽其實就是說讀歷史不好。

從人類的天性出發

人有掩飾的天性。當有一件事，如果沒有太強的理由反對下，人是會說出一些反面的話去掩蓋自己說話的真正意思。不過，我們如果懂得將說話解碼的話，我們就會完全明白對方話裡的真正意思了；這樣對我們工作或日常生活與人交談時，都有著一個很重要的作用。

有一個客人，他對我說及公司裡的一件事。事緣是這樣的：公司搞新年派對要同事參加，而大部份同事由於在工作上不太開心，所以也沒有報名。

於是管理層不太高興。但由於這是一個自願性質參加的聚會，所以也不能強迫員工參加，管理層於是叫各經理向下屬了解一下。

當經理向下屬了解時，他們都不約而同用了同一句說話，就是：「我們不是要強迫你參加這個派對，只是想了解一下是什麼原因令你不參加這個派對而已。」

就是這個「只是想了解一下」的行動，這個部門有超過八成的人到最後參加這個派對，和開始時的三成人數形成強烈的對比。

是「我不是強迫你」，還是「我就是要強迫你」？

在這個例子當中，「我不是強迫你」完全可以解讀成「我就是要強迫你」，這種令人討厭的做法，不是強迫是什麼？只不過是口中說出「不強迫」的說話而已。

如果不是強迫的話，我客人的公司那可能會到最後有這麼多人出席派對？這些技倆，在你公司裡面也常常會見到。

我的客人，就是少數不參加派對的其中一個。他用了一個很好的方法，就是當他的上司問完他之後，他只反問了一個簡單的問題，然後以退為進。

他只是問：「公司是否強迫各員工參加這次的派對？」

他的上司不妨他有此一問，只好道：「是，公司不是強迫員工參加這次派對，不過只是想了解一下而已。」

我的客人於是繼續道：「這就好了。我只是碰巧當天有別的事情要做而已，沒有其

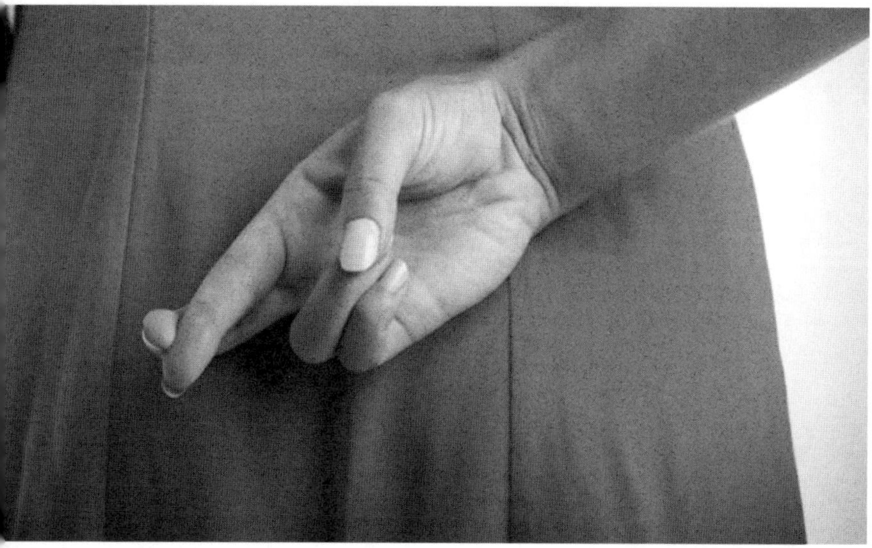

巧妙地解讀別人的反話。

他原因。」就這樣推得一乾二淨。

由於他的上司一開始時已說明沒有強迫的成份，所以也不好意思再追問下去。

迫令對方將說話重覆一次

對付這些人，我們第一樣要做的，就是要將他的說話重覆一次，以表明他口是心非的立場。

例如彼德的媽媽說：「不是說歷史沒有用」，那麼彼德就只需要對媽媽說：「既然你也說讀歷史有用，那麼你即是贊成了」就可以。其他的也毋須再討論下去。因為再討論下去，只會墮進別人的圈套之中；我們只需要將對方最開頭口是心非的句子放大，然後再將自己的論點肯定就可以了。

下次聽到別人說：「我不是說這樣不好」時，你就懂得如何應對了。

03

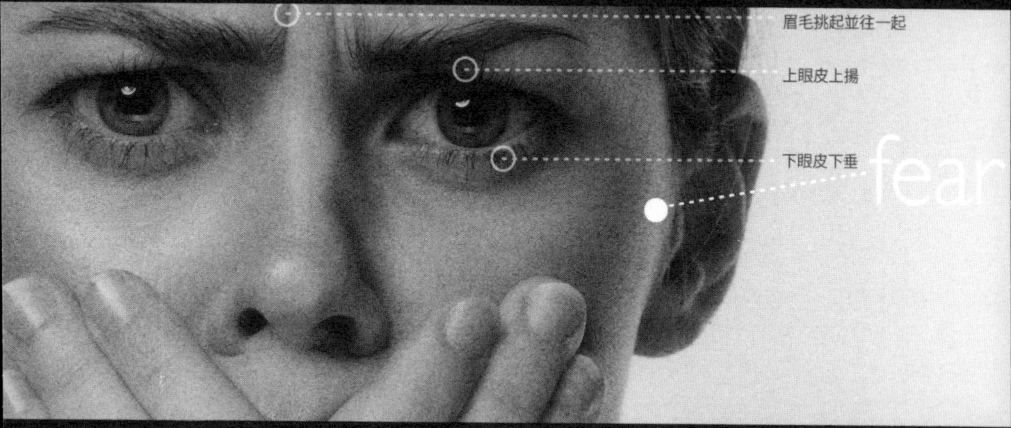

實用情報術

憑一句說話將對方的行為解碼

「湯美，很久沒有見面了，你好嗎？」占美在電話之中對你說著。

就憑這一句，你能否將占美這句說話的意思解碼呢？

驟眼看來，這句說話非常簡單，也很正常。一般人聽來，就是一個久未見面的朋友找你，聯絡一下感情而已。但我想告訴你，如果你有這個想法的話，你就大錯特錯了。

試想想：一個久未見面的朋友，為什麼他會找你呢？他一定是有一些東西，又或者懷著某種目的才會和你聯絡。

如果對方說「好久沒見」，那就意味著對方覺得很久沒有見過你才會這樣說。雖然你可能覺得「不是很久沒見，只是一年而已」，但對方說出這句話，就是他心裡的想法。

對方覺得和你很久沒見，而又找你的話，那這個狀況背後就隱藏了一個意思，就是他有求於你；這個時候，你應該馬上想想和對方的關係，為什麼對方會找上你，和他要找你的目的是什麼。

越早捕捉先機，才能越早找出應對的方法

可能你會覺得順其自然就可以了。但我想告訴你，有時候人要捕捉先機。越早想得到，就越早有應對的方法；這樣，當對方提出要求時，你可能已經想出全盤的應對方法了。

「應對」不是「應付」。「應對」是溝通，「應付」是對立。你未必要應付對方，你有可能是在幫忙對方而已。以我做例子，客人找我，可能是找我看風水、選鋪，也有可能是找我看紫微斗數。

無論如何，在對方找你的時候，可能只是數秒鐘，如果你能夠説出對方的資料時，你就有可能扭轉整個局勢了。

古語有云：「無事不登三寶殿」。特別談得來的朋友不算，每個人找別人，總會有所要求。最常見是客人找銷售員，絕對沒有客人無事找銷售員閒聊一下的（除非是對異性懷有另類目的則另計）如果你是銷售員的話，你應該在一開始就專注著，留心聆聽客戶的要求，從而提供最好的解決辦法給客人讓客人滿意。

下次在收到久未見面的朋友來電時，不妨及早作出心理及思想上的準備，你會發覺你的應對會醒目得多！

不想處於被動，就切勿不聞不問。

情報測謊技巧：追問

約翰在開會時，在上司面前展示了自己的作品。
經過了詳細的介紹後，約翰問：「你覺得我的作品如何？」
「不錯，看得出你花了很多時間在這套作品上。」上司道。
會議過後，約翰離開了會議室。
助手問：「這套成品是否我們明年春夏系列的最終定案？」
「不用了，」上司疲倦地道。「趕快叫另一位設計師重新做過吧！」
約翰是否可以用測謊技巧即場令上司說真話？

人說話總是比較含蓄的，尤其在商業社會之中，免得過我們都不會批評人，以免令自己陷於一個不利的位置或氣氛惡劣的境地之中。

我們去問別人意見，例如自己做得好不好之類，對方大多數都會給一些正面的答案。例如「幾好」、「不錯」、「辛苦了」之類的說話。可是這些說話都未必是對方的真正意思。如果你能夠多問一、兩個有用或關鍵的問題，你就可以知道對方真正的想法。

要別人清楚闡述自己的觀點，才會聽到真話

在前述的例子之中，假如上司對約翰說：「不錯」的話，約翰又可以問什麼來知道上司對約翰這套作品的真正看法呢？

約翰可以用「你可以說說這套作品有什麼好的地方呢？」來問他的上司。這時，約翰已經將皮球交給他的上司了。他一定要說出一些比較實質的評語才可以。

當看到對方默不作聲的時候，自己該心裡有數

如果上司真的覺得「不錯」的話，他一定可以即時說出一些優

秀的評語來激勵約翰的。相反，如果上司是「口是心非」的話，他就要馬上想一想這套作品的優勝之處，當約翰看到上司默不作聲一段時間才開腔的話，他自己大概也會心裡有數了。

相反，上司如果真的覺得約翰的作品不行，他可能會在開頭數句說話之中，說一些敷衍的話，然後就會說出他對這套作品的真正看法。即使上司不滿意這套作品也好，約翰也可以即時知道上司的真正想法而加以修改，最終也可能令上司滿意。

在發問之後注視對方，以便取得第一手資料

又例如你剛剛認識了一位美女，你準備和她去吃酒店自助餐。當你問她去吃酒店自助餐時好不好時，她可能會即時道：「好呀！」

雖然她說「好呀！」表情也可能充滿笑容，但你還是不知道她內心的真正想法。這個時候，利用這個方法就可以肯定她的想法了。

你可以再問她：「請你告訴我酒店自助餐有什麼好？」然後注視著對方，觀察她的反應時間和回應內容。

如果她真的想吃酒店自助餐的話，她一定能夠在很短的時間之內回應你，而且可以給你最少一個充份的理由。比方說「什麼也有得吃」、「東西很美味」、「甜品選擇多，因為我最喜歡吃甜品」等等就是充份的理由；因為她是真的喜歡，所以一定能夠即時說出一些喜歡的原因。如果她遲疑了一會，才道「不知道呀，總之我就是喜歡」的話，你就要格外留神了。

如果你口才好，你在這個時候還可以補多一句：「不喜歡吃自助餐嗎？那麼你想吃什麼呢？」來加倍探測對方的心意。這句說話的用處是，先肯定對方不喜歡吃自助餐，然後問她有什麼提議。如果對方真的不喜歡的話，她就會即時提議別的館子，這時你就可以知道她心裡的想法了。

一次吃日本菜的實戰經驗

有一次我和一大班朋友吃飯，卻不知道去哪裡好，由於我喜歡吃日本菜，於是我提議去一間日本館子吃晚膳，大部份人都叫好，只有一個人沉默不語，於是我問他去吃日本菜好不好，對方回應道：「沒有所謂」。就是這一句「沒有所謂」引起我的疑心，於是我再問他：「那麼，你喜歡吃什麼日本菜式呢？」

這時對方想了很久，才道：「我從來不吃生冷東西的，不過不要緊，我吃其他的熟食就行了。」

就這樣追問多一句，對方的心意便即時被探測出來了。因為對方明明不喜歡，卻礙於不好意思而硬要說喜歡；當你再追問下去時，由於對方冷不防你有此一著，所以他腦筋並未能即時轉過來，停頓了很久表示他根本不喜歡吃日本菜。

你看多管用，才追問一句就什麼心意也知道了！

解讀行為與語言的反差

瑪莉和艾美在茶水間談論最近新加入的同事柏絲的外表。

瑪莉：「你看那個柏絲，才加入公司兩個星期不到，已經傳聞有很多男同事追求她了。」

艾美：「就是呀！我也不知道她這個人有什麼好，可以得到這麼多男同事的垂青！」

瑪莉：「這也很難怪，她打扮入時，又懂得裝扮，十足十像一個明星呢！」

艾美：「好靚咩？外表好有什麼用？內在美才是最重要的！」

你能從這段簡短對話之中聽出背後的意思嗎？

以上所說的例子，在你我日常生活之中不知聽過多少遍。如果我們細心思想一下，其實是可以從這些說話當中聽得出背後的意思的。

就以上的例子，我們不難聽出，艾美其實是一個很不好看，也沒有男同事追求的女孩子。

為什麼呢？因為人說話背後，總有其動機及思想反映；而人也不會說自己的壞話。如果艾美是一個好看的女孩子，她絕不會說出「外表不重要，內在美才重要」的說話。明明自己美麗，又怎會說美麗不重要呢？

怎樣解讀一句否定說話之中肯定的句子？

古語有云：「吃不到的葡萄是酸的」這句話一點也沒有錯。自己得不到的東西，通常都會用一些藉口去說那樣東西其實不怎麼重要；自己已經得到的東西，通常都會想一些事實去證明得到的東西是何等重要。

例如我在討論區看過有一個女網友說：「成功的女人是否就一定幸福？」我一看就知道，這位女網友根本就從未有過成功，她的一生都是失敗；也因此，她才會說出這樣的一句話。

那是否意味著成功的女人就一定不會問成功會否幸福？那倒未必。不過如果那個女網友是已經成功，自己卻得不到幸福的話，她會這樣說：「我已經成功了，但我一點也不覺得幸福。成功的女人是否一定會幸福？我看未必。」

她一定會說出兩件事情。第一就是她會用一句肯定句，去說明自己成功；第二就是她會有一個結論，就是句子尾的「我看未

只要細心留意，便可以洞悉別人背後的真正意思。

必」。因為她已經得到了，所以絕對有資格下一個結論。

利用這個技巧，你很容易就會聽得出「話中有話」，及別人背後的想法。

一個人所做的行為，往往和其口中所說的相反

我聽有一個女孩子對我說：「樣貌並不代表一切。」我當時已經可以肯定，她對樣貌非常重視，只是由於她生得不太漂亮而已。她在和我說了這話之後不久，我發覺她走去做facial，買了很多護膚品；如果她覺得樣貌不是這麼重要，她又怎會花那麼多時間和心機在外表上？很明顯，她所做的事情，和她的說話是自相矛盾的。

如果有人對你說：「有錢是否很快樂？」那你就可以肯定，他從未有錢過。可能他是一個中產階級，而未經歷過有錢的生活，所以他才會有這個疑問。

當我們細心留意的時候，我們可以聽到別人說話背後的真正意思，這個時候，我們就可以因應對方背後的真正意思而調節自己的說話，免得得罪了人家也不知道。

對方想結束談話的特徵

「今天和你談得非常愉快呢！」芬妮道。

「我也是呀！不過時候不早了，改天再和你談吧！」大衛道。

「那我就不阻你了，改天再和你談，再見！」

「再見！」

走了之後，大衛對身邊的友人道：「真不知道這個芬妮是否真的不懂看人眉頭眼額，我已經多番暗示要走了，她卻喋喋不休繼續說下去，好生煩厭！」

「才不是呢！怪不得她沒有什麼朋友的！」大衛的友人搖頭道。

很多時候，我們都會參予大小不同的對話，而大部份的對話，都是沒有特定時間的。你總不會在和別人交談時預先說明：「我現在和你談七分四十七秒」吧？大部份的對話，都沒有特定的完結時間，只是大家感到差不多時，就會説下次再談。

和客戶開會也是一樣，如果覺得對話差不多時，也應該儘快完結對話，否則就會給別人有不耐煩的情況。

不過，如果知道完結的時間就變得很重要了，我們很多時都會從別人的身體語言或説的話，可以知道對方已經想完結這次面談，只要稍加留意，其實是不難知道的。

這個「睇人眉頭眼額」是非常重要的。試想想，如果對方趕時間想儘快完結，而你還在喋喋不休繼續説話，這樣子會給對方一個不耐煩的感覺之餘，也會覺得你不懂人情

對方想結束談話，一定有先兆。

世故。

因此，我們有必要將對方的說話或身體語言解碼，從而可以看出對方是否已經想完結這次的交談。

當別人想盡快結束談話時，有哪些特徵？

當別人想盡快結束談話時，有以下數點需要注意：

1 不停看手錶

如果對方是趕時間的話，他是會不停地看錶的。你看到有這樣的情形時，你應該儘快完結對談，即使你想表達的內容還未完成都好，你也可能需要再和對方預約下一次的會面日期，才繼續未完成的話題。

另有一種，就是對方不停看錶，其實不是他真的不知道時間，他其實是故意做給你看的，這樣你就需要更加快點完成對話，免得令對方生厭。

2「時候不早了，我也不阻你了」

有時對方會和你說「時候不早了，我也不阻你了」等話語。表面上，他是為你著想，不想你遲了做其他事情，其實這是一個gesture來的——沒有多少人會關心對方是否真的阻遲了時間，而實情是他自己意識到自己還有其他事情要做，所以才客套地說「不阻你」而已。

如果你想著對方真的為你設想，而你自己卻不識趣地說「才不阻呢，我們談多一會吧」就糟糕了。

聽到對方說到類似的說話，你要立即識趣地告辭。

3 不停地轉換雙腳交叉的姿勢

如果對方是坐著的話，你就要對方雙腳轉換交叉姿勢的次數了。當對方想離開時，他就會不停的轉換姿勢，而不停轉換雙腳交叉則最容易看得到。當一個人不耐煩時，或很想離開時，或不感興趣時，或感到疲倦時，就會不停轉換姿勢。

其他如身體重心的轉移，交叉雙手，不停將雙手往不停地方放置也是一個很好的訊號。

能夠解讀對方想完結話題或離開的密碼，你就可以早人一步說出對方心中所想，對方自然會對你的印象好得多，感覺上你也是一個「好像能夠看穿別人心意」的人。

對方心不在焉的說話特徵

在一場舞蹈比賽過後，由於其中一位表演者由於想改善自己，於是走到其中一位評判面前，禮貌地向對方詢問她對自己表現的看法。

表演者：「評判先生，我想問你對我的表現有何看法？」

評判：「你的表現簡直棒極了，我已經很久沒有看過這樣一場精彩的舞蹈！」

表演者：「那你覺得我有什麼地方做得好？」

評判：「你在各方面都做得很好，你的表現簡直是完美！」

表演者：「那麼，你覺得我有哪裡地方還有待改善？」

評判：「我覺得你的表現已經很好了！」

事後，這位參賽者沒有拿到任何獎項，而他事後對朋友說：「這個評判根本就沒有在意我的表演，他根本就是在戲弄我。」

我們廣東話有一句叫做「九唔搭八」，意思就是別人所說的話，和你想表達的意思完全離題萬丈，又或者對方根本不能清楚你說話的內裡意思。

我們沒有心靈感應，沒有辦法直接得知對方的想法。但如果我們能夠像玩 Mastermind 一樣，將對方給你的線索拼湊起來，你還是可以推測得到對方的心意，就像「讀心術」一樣，將對方的想法知道，從而為自己下一步作出最好的決定。

當別人心不在焉時的說話特徵

人的溝通是雙向的，如果只有你說、人家不明白的話，這樣就不算是溝通；相反，如果只有對方說，而你自己又不明白的話，這樣的溝通也是全無意義的。

當別人心不在焉的時候，他根本就沒有將你的說話聽進去，你也不可能知道對方的真正想法。對方心不在焉的原因有很多，其中一個原因就是你在他心目中根本完全沒有重要的位置，對方根本不重視你，所以你說什麼，對方也不會用心去聽，這時你就要想想原因所在了。

要知道對方是否心不在焉並不難，像前文的例子當中，我們很容易就知道對方是否心不在焉。心不在焉的特色有：

1 說話空洞

在前文的例子當中，那個評判沒有就參賽者的意見作出有點子的評論，他來來去去都只是說「棒極了」、「精彩」、「簡直是完美」等不著邊際的說話。恭維的說話雖然不妨多說，但如果整體的說話內容都沒有具體的字眼的話，那等於對方是跟你說「我根本不在意你說什麼或做什麼」。

2 沒有眼神接觸

我在《極速致富　記憶創造成就》一書中也有說過，人與人之間溝通，眼神是很重要的。如果你和對方說話時，對方沒有望著你的話，就暗示了他根本不是用心聽你說的話，也沒有心機去接收你發放的訊息。我們在街上望見美女，總會全神貫注，雙眼定定的看著對方；相反，如果我們見到一些質素平庸的女孩子，我們可能連眼尾也不看一眼，這就是感興趣和不感興趣的分別了。

如果沒有眼神接觸，就意味著對方對你所說的事情不感興趣；這個時候，你就可以識趣地轉換話題，又或者藉詞離開，因為這樣再說下去也是沒有意思的。

3 顧左右而言它

如果你和對方說了一大段話之後，對方回應時卻說了其他無關的東西，這就意味著對方根本沒有將你的話聽得入耳。這時候，你不妨將要說的話再說一遍，又或者詢問對方一些和你說的話有關的事情，好等對方可以重新留意你的話題，從而令到雙方溝通方向一致。

如何控制對方聽你的說話？

人有一個特性，就是在自己說話時，會越說越起勁，對方是否聽得進去卻不知道。到頭來話說了，對方卻接收不到，這樣只會浪費時間。要令對方將你的說話聽進去，你可以用反問法，我在講座之中經常用到。

因為當時間一久，人的注意力就會變差，如果你還不停的說話，對方可能沒有接收得到而你自己也不自知；如果你能夠在適當的時候反問對方，對方的大腦又會開始運作，這個時候他就會被迫留心聽你的說話。

例如我在舉行講座時，我都會在適當的時候反問在座的學生一些問題，他們知道我會不時發問，就會本能地很留心我所說的話，因為他們害怕被問及時，會接不上話題而引起尷尬的情況。

而我的講座更加特別，因為我懂記憶術，我會記得每一個同學的名字；當我問問題的時候，我總會指名道姓要那一位同學回答，絕不含糊。不要想著這樣做很突然，每次講座的同學都會覺得我說得很精彩，其實只是用了記憶術的技巧而已：對方有參與性，自然會感興趣得多。

在平日的工作或生活之中，我們也可以利用這個技巧，來令對方加倍注意你所說的話。當然，如果你的對手像那個評判一樣，心目中完全沒有你的位置的時候，即使你怎樣回問也好，對方也是心不在焉，可能對方根本沒有意圖或誠意去和你繼續溝通，這個時候你就只能識趣地離開了。

掌握你在對方心中的地位

一天，大衛在街上閒逛，無意之中碰見一個久未見面的舊同事。

「保羅！好久不見了！你好嗎？」大衛熱情地問道。

「是的，好久不見了，最近還可以啦！只是工作忙了一點。」保羅回應到。

「我已經搬家了。今天也是碰巧才經過這裡，沒想到就碰到你，真巧呢！」大衛開心地道。

「是的，改天我們一定要相約一聚。」保羅也滿面笑容，熱情地道。

「好的，你的電話有沒有改？我改天打給你吧！」大衛道。

「沒有，那我們再聯絡了！」保羅道。

從以上的對話當中，你覺得二人的關係是陌生？是熟絡？還是

「半生熟」？

我們每個人都有很多朋友，有陌生的點頭朋友、有熟絡的生死之交。不過，如何評定你在別人心目中的地位是很重要的，人的關係是很複雜的事情，如果你當別人是好朋友，而別人卻當你是陌路人的話，而你又將一些心底話告訴對方，對方就有可能將你所說的話說出去，又或者在另外的朋友之間取笑你；所以，要評定自己在對方心目中的地位是很重要的。

如何得知你在對方心目中的地位？

我認為最好及最信得過的朋友，就是你可以將所有的話都告訴他，不用提防他會胡亂將你說的話傳播出去。好的朋友，就像是一層最好的過濾網一樣，會自動將你的話篩選，知道哪些說話可以再說出去，哪些說話要幫你守口如瓶；這個時候，雙方的關係就顯得更重要了。

你身邊的朋友、同事，總不會對你說：「你在我心目中是最好的朋友。」即使說了，你也不知道是真是假。這個時候，我們就要將和對方的交談「解碼」，看看對方的一舉一動，你自然就會知道你自己在對方心目中的地位如何，從而作出適當程度的「情報交換」。

在前文的例子之中，很明顯地大衛當保羅是一個好朋友，而在保羅心目中，大衛只不過是一個點頭之交而已。何以見得？

沒有稱呼你的名字，就不是好朋友

如果一見面對方就沒有稱呼你的名字的話，就只有兩個可能：一個是對方根本忘記

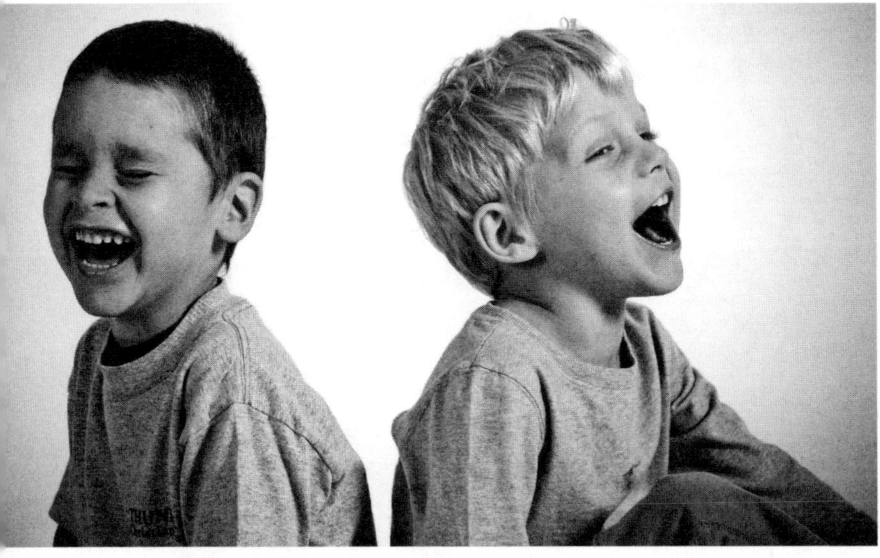

你知道自己在別人心中的地位嗎？

你的名字，另一個就是對方是你最好的朋友或親人，他們根本就可以熟絡至不用稱呼你的名字，例如一些從少玩到大的「死黨」，通常都是以「喂」稱呼，因為即使不用名字稱呼你，你也可以知道對方是誰，這些當然是好朋友。

但在商業社會之中，如果不用名字稱呼對方的話，是一件很沒有禮貌的事情。唯一的可能，就是對方根本忘記了你的名字，而大家的交心程度可想而知。

如果在商業場合之中，例如和客人開會時，對方在對話之中有提及你的名字，就表明對方心目中有你的存在；另一方面，你也要盡量記住身邊朋友，同事或客人的名字，在與對方交談的時候不妨在談話當中多說對方的名字，這樣會給對方一個非常良好的印象。

對方在對話中，提及一些自己的私人事情

我們在和對方對談之中，如果對方肯主動說出一些自己的私人

事情，例如平日生活以及和家人的關係等，就代表對方非常信任你。因為一般的交談之中，如果對方和你交情不深的話，是不會將這些私人的事情告訴你的。

天下間最悶的對話，就是雙方的交談太過流於表面化；既不能交心之餘，對話也顯得毫無意義。對方只將一些表面的事情再重覆說出來，說了等於沒說，即如廢話。

如果每一次對話都是這樣，只談天氣，其他就沒有好說，雙方是很難再建立進一步的友誼的。而且，如果對方不說一些私人的事情給你聽，你幾乎可以肯定，你在對方的心目中，離交心的程度還有一大段距離。

假如對方對你說及私事時應怎樣處理？

如果對方肯向你透露自己的私事，例如私人生活方式，和家人的關係等，我們就已經可以初步確認，對方開始肯向你交心；不過，這只是對方肯向你交心的第一步，接下來的，就要看你怎樣處理了；如果你處理得宜的話，對方就很有可能會繼續向你交心，不過如果你處理得不好的話，對方就可能會和你反目成仇，變成陌路人。

為什麼會有這麼大分別呢？人的私隱是很重要的。對方向你說及他自己的私事，並不代表他願意和每一個人分享他自己的事情，所以我們要懂得守秘，不要將是非當做人情。我們在和別人說話之前，一定要有過濾的能力，那些應該說，那些不應該說，我們一定要知道。一般來說，我們不要向第三者談及對方的私事，這是最穩妥的做法。

洞悉別人的信任度

一天，上司蘭西問艾美關於一個負責整理檔案的同事湯瑪士的表現。

艾美道：「我和湯瑪士合作愉快，期間也沒有什麼特別的問題出現。」

蘭西現出懷疑的神色，道：「是嗎？最近我發覺湯瑪士做事好像沒精打采似的，叫他做的事又不能準時將工作完成，所以我才找你問問而已。你想想看，他是否真的沒有問題？」

艾美想了一想，道：「我真的不覺得有什麼問題。」

蘭西現出不大相信的神色，道：「是嗎？你千萬不要老是幫著他呢！」

蘭西這句說話是什麼意思？

蘭西用「是嗎？」這個字眼去問艾美，其實就代表了蘭西根本就不相信艾美的話。如果我們將蘭西整段說話解碼的話，我們是可以看到很多東西的。

用「是嗎？」去問別人問題即是表現不相信

首先，蘭西問艾美關於湯瑪士的工作表現。艾美答道很好。蘭西於是說出自己的見解，而這番見解是蘭西自己的感覺，並不是別人告訴她的事情。因此，我們可以肯定，蘭西對湯瑪士是有意見的。

既然她自己對湯瑪士有意見，為什麼她不直接跟湯瑪士說，而要問艾美呢？很明顯，蘭西是想多一個人附和她，這樣她就可以理直氣壯跟湯瑪士說，不是我自己看到的，其他同事都這麼說，好一招「借力打力」！

而艾美在說出了自己的見解之後，蘭西再問多一次，其實是想艾美改變當初的想法，變成附和她。

哪知艾美不但沒有附和蘭西，還再一次肯定的說湯瑪士沒有問題，她的結論就是在「是嗎？」這個字眼之後，就是「你是幫他講說話」！

如果湯瑪士真的如艾美所說沒有問題的話，那麼問題就是出在蘭西了。

為什麼湯瑪士沒有問題，但蘭西硬要說成有問題，還要艾美附和呢？原因可以有很多，可能蘭西存心要整頓湯瑪士，可能有其他同事向蘭西打小報告。

這些並不重要，重要的事情是，如果你是艾美的話，你會如何回應呢？

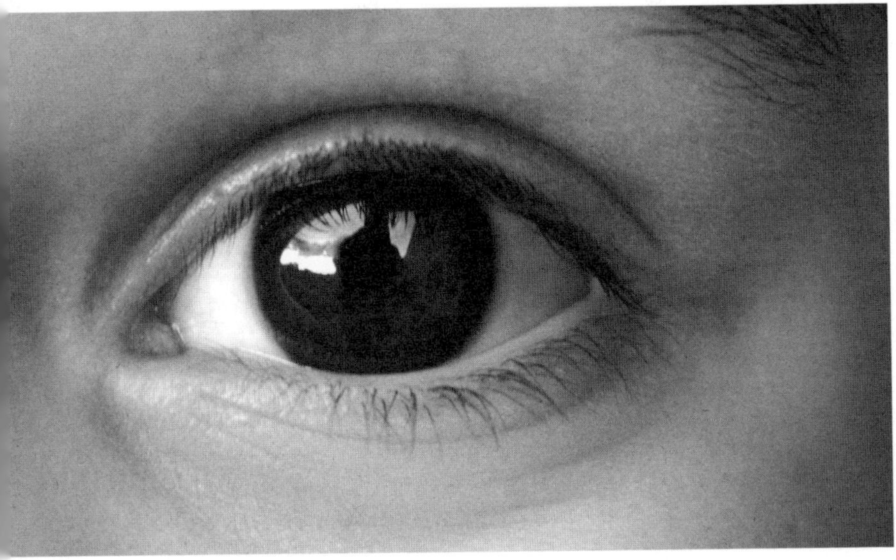

洞悉別人真心意，其實有辦法。

如何應對？

正確的方法是：先附和蘭西的說法，然後將球回傳給蘭西。

因為如果你附和了蘭西，到時蘭西和湯瑪士面談時，可能會說：「艾美說你工作表現有問題」；但如果你不附和蘭西，蘭西可能又會不高興；所以如果你是艾美的話，你可以說：

「我最近和湯瑪士合作沒有出現什麼大問題。你可以問問其他同事，可能我和他比較合得來吧；最近工作忙了，情緒上出現少許問題也不是奇怪的事情。」

和上司對談最重要是不能將自己的觀點抓得太緊，形成大家「無彎轉」使上司下不了台的情況。

從對方的說話揣摩真心意

上司蘭西這天收到客戶的投訴，是關於一名下屬艾美的事情。這個客戶在之前已經一早落了訂單出貨，但由於生產線的溝通上出了問題，以致未能如期交貨。客戶於是投訴艾美沒有盡力為他跟進。

蘭西於是召了艾美入房。問她：「整件事情是怎樣的？」

艾美於是一五一十跟蘭西解釋。也清楚說明了問題不是出在銷售員本身，是生產線自己內部的溝通問題引致這次出貨時間不準確。

蘭西又問道：「那你自己覺得有無問題？」

蘭西這樣問，背後隱藏著什麼？

蘭西這樣一問，其背後動機很清楚，就是「她覺得艾美有問題」。

問人自己有無問題，其實就是叫人自我反省

人不會無緣無故叫人自我反省。如果蘭西問了這一個問題，而要艾美自己去想的話，其實就是暗示了「我自己覺得你有問題，但我不想直接說出來，你自己想一想你自己有什麼問題，我希望你能夠自己想得到。」

有些上司不喜歡直接責罵下屬，因為他們不願和下屬引起正面衝突；因此，他們會問下屬一些問題，然後令到下屬知道問題所在。例如：

「你覺得這樣做恰當嗎？」（其實就是暗示這樣做不恰當）

「你覺得我們一定要這樣做嗎？」（其實就是暗示說話者不想這樣做）

「你覺得你們的產品是最好嗎？」（其實就是暗示說話者不覺得你們的產品不是最好）

如果你能夠答對了題，對方就可能會解釋給你聽他的想法。因為他知道你明白了，也接受了他的看法，所以他會再加以解釋；不過，如果你還是覺得沒有問題的話，對方就可能會再問你問題，不停的問，直至你能夠說出答案為止。

最重要的是馬上說出問題所在

面對這樣的上司，最重要的不是爭辯，而是馬上說出問題所在；像前文的例子，如果艾美說：「我覺得我沒有問題」就真是大問題了。因為蘭西一早已經認定是艾美的問題，艾美所能做的，是馬上承認問題所在，然後將嚴重性減至最低。到最後，補充一些方法可以令到下次事情發生時不會那麼糟糕。看看以下的回應：

「在這件事情上，我的確在溝通方面忽略了。這次的而且確是生產線部門的同事內部溝通出現問題，以致未能如期交貨；不過我也要負上部份責任，因為如果我著緊一點，不時和生產線同事溝通，查明進度，就不會有這種情況發生了。下次如果再有這種情況時，我會加倍留意的。」

這樣的答案，是否既大方，又得體？既肯定了蘭西的問題，也為自己被客人投訴的事情解釋，再說明問題所在，然後提供未來出現同類事情的解決方法。

最重要是，在上司提出問題的時候，從他問問題的方式知道對方的心意，然後將他的理想答案說出來，再加上一些個人的看法。

SECRET

04

雙手抱胸表示疏離或抗拒，
如果對方大拇指向上，
則說明他根本沒把你放在眼內。
irreverence

閱人自衛術

透視對方的運氣指數

在一間茶樓裡，有一班朋友在飲茶、吃點心。席間有個女孩子拿出茶壺倒茶，不過她有一個很奇怪的現象，就是只倒給數個女的，而反而不倒給坐在她旁邊的男孩子。豈料，她在倒完後，便放下茶壺，並跟坐在她身旁的男孩子說：「你要飲茶就自己倒吧！」該男孩子表面上沒有什麼，但內裡卻感覺怪怪的。

我常說道：「一個人的運氣，其實就是思想的反映；好運的人，其思想一定是正面的；不好運的人，其思想一定是負面的。」

我在《讓幸運之神靠近你》一書也講過：運氣，其實就是對事情的看法，如果那個人對事情充滿熱誠的話，所看的東西都抱持正面態度的話，那個人的運氣就一定好；相反，如果那個人每事都怨天尤人的話，那個人的運氣就一定不好。即使是好的事情，去到那個人面前，都會變成壞事情。

思想上是如此，說話也是如此。一個人的說話，其實就是內心世界的反映；有時候，我們多多少少也可以在一個人的說話或行為之中看得那個人背後不為人知的運氣。

前述的那個例子，是我的一個朋友告訴我的，而他就是當天在茶樓飲茶的那個男孩子。他告訴了我之後，我嘗試將這句「要飲茶你自己倒」的說話解碼，過程也頗為有趣，所以我想和大家分享一下。

我的第一個結論是：「這個女孩子的人緣運極差。」

這位朋友說對了，因為她個性比較事業型，而且說話時有點倔強，所以大多數的人也不喜歡她。

聆聽言外之音

我的第二個結論是：「這個女孩子感情運不會太好。」

這位朋友面上露出訝異的表情。因為他完全不相信，從一句「要飲茶你自己倒」這樣簡單的說話可以看出那麼多的事情。他點頭承認，以他所知，這個女孩子的感情上一片空白。

我和這個女孩子素未謀面，為什麼我可以憑一句完全不相干的說話而推斷出這麼多事情呢？

所以我說「每個人的說話其實就是運氣的反映」就是這個原因。

每個人的說話其實就是運氣的反映

我於是對這位朋友說：「我首先想到的是，她跟你說要飲茶就自己倒，這是一句很沒有禮貌的說話；能夠說出這句說話的人，平日的說話也不會好聽到哪裡去；所以她的人緣運一定極差。」

我繼續道：「接著我又想到，你坐在她隔籬，而她在倒茶的時候，寧願倒給更遠的女孩子，也不願意倒給你；而你和其他女孩子的分別就是性別。因此，她唯一不倒茶給你的原因是她對男女之間的所做的事分得很清楚，認為女孩子不應該照顧男孩子。擁有這種思想的女孩子，我相信她的感情運一定不會好。」

我朋友點頭稱是，我說的全部都說中了。

有時候，說話本身並沒有特定意思，但如果你能夠細心推敲，你會發掘到很多說話之外的事情。

分析「吃免費餐」行徑

在數個月之前，發生了一件令人頗為不愉快的事情：因緣際會，認識了一位新朋友。這位新朋友對「思想改變運氣」很有興趣，席間說到要約我再吃飯，因為他很想從我身上學到「思想改變運氣」的道理。

一個月之後，他真的致電給我，約我吃飯，我也欣然赴會，對方在電話之中提到，他有數個朋友也對我所教的東西很感興趣，所以也想一同前來，我則沒有什麼所謂。

這頓飯他們是吃得頗為愉快的。我在開始時也頗為愉快，因為我也很喜歡將我所知的東西和別人分享，直至結賬的時候，八個人之中沒有一個人主動拿銀包出來結賬！

你能夠將「約人食飯但唔俾錢」的行為解碼嗎？

在香港，真的是什麼人都有，在以上的這件事情之中，我體會到一個道理，就是並非所有人都有著同一個理念或共識。

這餐飯局的價錢並不貴，折算每人只是六十元而已。但我從沒有想過到最後竟然要由我來結賬。

如果應該由我來付賬的話，別說每人六十元，即使是每人五百元我也付得開心；但如果不該由我來付的話，即使是六十元也好，我也會覺得不是味兒。

我介意的，並不是價錢的問題，而是對方心意的問題。在情在理，如果你有求於人或需要別人幫忙的話，即使對方搶著付賬也好，你自己也不好意思。更何況在這個情況之中，對方除了自己之外還多了一班朋友，都是出來學東西的，我覺得這個已經關乎尊重的問題了。

將「約人食飯但唔俾錢」的行為解碼

對方完全沒有意思付錢的這種行為經解碼後，發覺有以下事實：

1 對方不懂得尊重別人

如果對方懂得尊重別人的話，就不會由我來付錢了。

2 對方不懂人情世故

交際關係是很複雜的一樣事情。但在何種情況下，任何飯局，除非對方有指明，否則自己一定主動付錢準沒有錯。連這些基本東西都不懂，就是不懂得人情世故了。

如何為吃免費餐的的行為解碼？

3 對方視金錢為最重要的事情

此即我說怎樣從六十元看出對方的性格。如果對方不太重視金錢的話，就不會為了那六十元而弄致氣氛這樣僵（當時有三十秒侍應站在我們面前，而我在三十秒後才明白是怎麼一回事）。

這個故事還有下文。這位所謂朋友在那次飯局之後，還厚著面皮致電給我，說我上次說得真好，還想再約我出來以便了解更多，再學多一點東西。我當時就對他說：「不好意思，我想我沒有時間了。」

一件真人真事

除了這件事之外，我還聽過另一件真人真事，是一位客人告訴我的：她有一位要好的朋友，因為長期找不到工作而找她幫忙。她在詢問人事部之後，發覺有一個部門的職位很適合她，而且人工也算不錯，於是這位客人就介紹她的朋友進來。

數年之後，這位客人和她的朋友吵了架，無意之中提到這件事。這位客人說：「我真的識錯了你，當初我介紹你進入公司的時候，你不但沒有請我吃飯，連多謝也沒有說一句呢。」

這位客人的朋友也答得真妙。她道：「我還要多謝你？是你應該多謝我才對！你介紹我進入你的公司，是有介紹費的！你收了介紹費之後連飯也沒有請過我吃呢！」

我的客人真的無名火起，原來介紹費只是五百元而已。她從沒有想過幫了她最要好的朋友之後，卻反過來被她的朋友責怪她無情無義。

這件事後來當然不歡而散。

小心留意身邊有沒有這樣的人。如果有的話，就應該立即斷絕和對方交往；而自己也要留意有否需要別人幫忙而欠了別人的人情。

透視對方的野心

一天，上司比爾和下屬米高討論關於港生公司的問題。

米高指出：「根據我的觀察，港生公司的訂單有值得懷疑的地方，我覺得這間公司有機會關門大吉，所以我提議減少對港生公司的供貨量，以保障我們公司的利益。」

比爾反對說：「在我看來並沒什麼大問題。人家只是訂多點貨而已；況且你去拜訪他們的公司時，發覺他們公司的同事少了很多可能只是放假而已，故此不必更改對他們的供貨量。」

米高無奈道：「那好吧！」其實米高心裡為之氣結。因為比爾為了要多做生意，沒有預見到潛在的危險。

比爾也沒有將這件事情放在心上。可是過了數天，比爾的上司哥頓忽然召了比爾進房。

哥頓問比爾：「我想問一下港生公司是否有點問題？你幫我看一下；如果他們的財政出了問題的話，我們就要當心。」

哥頓這番話暗示了什麼？比爾又怎樣將哥頓的這段說話解碼？

比爾聽後大惑不解，因為哥頓平日是很少理會這些事情的，而他也無可能知道這件事——除非是有人告訴他吧！

想來想去，最後比爾想到了米高，因為這件事除了米高之外，沒有其他人會知道得更清楚。

在這件事情之中，比爾明白了一個事實，就是米高越級將事情直接告訴哥頓。這又暗示了什麼呢？

在我們的同事之中，總會有些人不服上司，而去直接「告御狀」的。「越級」，其實是一種很不智的行為。雖然越級報告可能會將短期問題解決了，並令老闆認真處理。不過，這在被「繞道」的上司的眼中又會怎樣看呢？他一定覺得自己的下屬極有問題，而且不將他放在眼內；因為如果一個下屬是尊重上司的話，他就不會越級和更上級交涉了。

專家教路

從這件事中，我們可以看到兩件事：

第一，米高對工作很有野心。因為即使米高有多不滿都好，如果他只是想著「平平穩穩，得過且過」的話，他大可以袖手旁觀，不再將事件升級；只有他對事情很緊張、投入，又很想將自己的想法表達給別人知道，才會選擇「越級」這途徑。

第二，在米高的心目中，比爾是個「廢人」。他覺得比爾完全沒有處理這件事的能力，所以才找哥頓幫忙。如果他相信比爾的話，他就會就此作罷，而不會再將事情擴大。只有他覺得比爾的觀點和他的不一樣時，才會作出如此下策。

謠言反制術

下屬艾美這陣子非常不開心，因為坊間盛傳她和杜夫拍拖，而杜夫已經結了婚，而且還育有兩個兒子。

事情原於某一晚，因為艾美在公司裡趕著第二天發佈會的事情，工作晚了，直至深夜才離開；碰巧公司的同事杜夫也是留在公司工作，所以杜夫就做了柴可夫，送了艾美回家。

這一幕剛好給同事看到，於是「艾美和結了婚的杜夫拍拖」之說就不逕而走。

正在艾美苦惱之時，蘭西召了艾美入房。

蘭西對艾美道：「這陣子公司傳出你和杜夫拍拖，是真的嗎？」

你怎樣將這句說話解碼？

上司和下屬，時刻都要保持友好關係。不過，即使關係多好都好，做上司的，總不應該問及下屬的私生活，又或者一些沒有根據的謠言。

古語有云：「謠言止於智者。」只有那些沒有深度的人，才會去問謠言的虛實，更何況是自己的下屬。

想深一層，如果是真的話，上司也不應該探問下屬的私生活，拍拖是很正常的事情，即使是跟有婦之夫拍拖也好，上司也無權過問。

上司如果問得出這句話，做下屬的，可以有以下結論：

1 上司是個沒有耐性的人

如果這件事真的有發生，而做下屬的又覺得對工作有影響的話，她自然會告訴你；如果事情沒有發生的話，過一段時間謠言就會消失了，做上司的不問也可以知道結果。問這個問題的上司，大概是按捺不住，想早一步知道。

2 上司是個很好事的人

無論下屬有沒有拍拖都好，這些事情都和工作無關。有此一問，證明上司是一個很八卦的人，他對每件事都有很強烈的好奇心，才會想知道真相。

做下屬的，如果有以上情況（上司探問自己的私生活），也要小心處理；因為你不說，就好像對上司有某種隔膜或隱瞞，對於將來的合作可能會有麻煩；說了出來又可能對你自己不便。

最好的應對方法，就是將關鍵的真相告知，如果上司再追問下去的話，就顧左右而言它，帶他遊花園。一般情況下上司知道了關鍵的真相之後，而你又不想再說下去的話，是不會再追問的。

隱瞞細節的潛意識反射

「艾美，我們明天要去成豐公司作客戶拜訪，麻煩你預備一個Presentation，介紹我們公司的產品。」

「知道了，我會預備的。」艾美應上司道。

艾美心裡想著：成豐是一間中型公司，會見的對象應該是該公司的採購部經理，於是她預備了一個簡單的簡報，預備會見成豐的採購部經理。

到第二天，當蘭西和艾美去到成豐的會議室時，艾美大吃一驚！原來會議室之中坐了最少三十人，其中有成豐的管理層、採購部、會計部和營運部職員，而且氣氛非常嚴肅。

艾美低聲對蘭西說：「為什麼會有這麼多人？為什麼你不早點說？」

蘭西道：「你不知道嗎？不知道你又不問？」

你怎樣將蘭西的表達方式解碼？

我們工作之中，傳達指令給下屬是上司最常做的工作之一。工作能力好的上司，一定會將事情交帶得清清楚楚，絕不含糊；無能的上司，永遠都是一時一樣，吹無定向風，自己也不知道自己心裡想些什麼。

不清不楚的上司，不提也罷

可能蘭西一早已經知道成豐會有重要的管理層在場，但她在交帶艾美預備時，卻又忘了告訴她實際的情況，以致艾美完全沒有準備，到出事的時候已經太遲了。

蘭西的這種表達方式，正是大部份上司的表達方法：只說出要做的事情，卻沒有詳細解釋該事情的背景及來龍去脈；面對這樣的上司，下屬是很難去完成合乎要求的工作的。這就好比瞎子摸象，不同的人有不同的理解方法。像艾美的這個例子之中，蘭西只要求艾美準備，而艾美也只是就她所理解的情況去推想，她並未能掌握具體的細節，以致錯漏百出。

如果你有一個這樣的上司的話，你就可以將他推斷為一個做事沒有組織、沒有系統的人，這種人做你的上司真的是一場災難。好的上司絕對不會是這樣；在我的印象當中，如果我的客人是有著好運氣的話，他們必然表達能力甚佳，說話清清楚楚，絕對不會含糊其詞。

作為上司的，如果有任務要給下屬完成，就要具體一點，應避免有誤會的情況出現；還要在說明任務之後，再問下屬一些相關的問題，以確保下屬能夠完全明白任務的細節，越詳細越好。

而上司不說出具體細節的另一個原因，是潛意識怕下屬知得多，因為上司對下屬說話通常都會很小心的。有些事情他認為下屬不應該知道，所以就避而不談；其實這是自欺欺人的做法。古語有云：「用人勿疑，疑人勿用」，一是不說，一是說得明白清楚，這樣下屬才可以不會出錯，事情也能得以完成。

改變說法，改變結果

我們且看看如果蘭西用另外一個版本去傳達任務給艾美的話，效果會如何：

「艾美，明天我們要去成豐銷售我們的產品，麻煩你預備一個Presentation。成豐這次會有三十人來聽我們的演示會，有來自管理層，採購部，運作部及會計部的同事，我預計整個演示會的時間大概是三十分鐘，而預備十五分鐘給他們發問；我估計他們最感興趣的，會是我們的產品的功能、價錢和售後服務，麻煩你預備一下。你有什麼不明白的？如有不明白，請你現在告訴我。」

這樣表達會否清楚得多？

糖衣毒藥 聽懂別人的說話

以下是一個個案：下屬寶兒為了一份很重要的投標書，她準備了差不多兩個星期；期間寶兒每天都做得很晚，差不多沒有一晚能夠睡得好。

儘管如此，出來的結果還是強差人意。這次的投標失敗了，客戶決定光顧另一間競爭對手，理由是價錢便宜一點。

當寶兒的上司瑪姬知道之後，就走過來拍拍寶兒的肩膀道：「我知道你已經盡了力，其實今次之所以失敗，只是價錢不夠別人便宜而已；你在這次的表現已經很好了，差的就是一點點的運氣而已。」

你相信寶兒會受落嗎？你又怎樣將這句說話解碼？

在我們的工作當中，無可避免會遭逢失敗。失敗過後就要檢討，看看是哪方面的問題。當問題不是出在自己身上時，就要看看上司的反應及對這件事的評價。從這些評價當中，你會看到你的上司是一個怎麼樣的的人。

在以上的例子當中，瑪姬就是一個好上司。因為她不但沒有怪責寶兒，反而倒轉過來安慰她。換轉你是寶兒也會欣然受落。

這句說話有兩個重點我們需要留意。第一個是「其實你今次的表現已經很好。」這句就是肯定下屬已經盡了力的說話，也表現出瑪姬完全沒有責怪寶兒的意思。

第二個重點就是「差的只是一點點的運氣而已」，將責任不怪罪任何人，只是歸咎於運氣。瑪姬未必懂風水或紫微斗數，但她

越動聽的説話，越有可能是包了糖衣的毒藥

仍然相信這件事的失敗是因為運氣所使然。

輕輕一推，任何人都不需要付上責任；寶兒身為下屬，也會從這件事之中汲取教訓，下次做得更好；可能在價錢方面的調查再深入一點，可能是從產品方面看看有沒有更多增值服務送給客人等等；無論如何，下屬都會因此而更加賣力。

好上司 vs「垃圾上司」

看完一個「好上司」的版本之後，讓我們來看一個「垃圾上司」的版本。

假如瑪姬對寶兒說：「你這次的表現只是一般而已，其實你可以做得更好，下次不要再有任何差池了。」同樣的一個事實，表達方式可以差天共地。如果瑪姬是用這個版本對寶兒說的話，相信寶兒一定會感到不開心。為什麼呢？

因為在瑪姬心目中，寶兒的表現「只是一般」，瑪姬認為寶兒其實可以做得更好。當然，如果真的是寶兒工作能力問題的話，瑪姬這樣説無可厚非；但如果只是公司的制度或政策所限，在價錢方面不能再低一點，瑪姬這樣説便有點兒那個了。

事情已經發生，即使怎樣説也是一個補救不了的事情。最愚蠢的上司，就是明知事情和自己的下屬無關，卻要諸多挑剔，訴説下屬的不是；又或者根本不能洞悉問題真正失敗的原因。

當你遇到這樣的上司時，你自己就要心裡有數了。

讚賞的背後含意

由於公司（同是上篇所講的那間公司）在去年很好的銷售成績，所以年初舉辦了一個慶功宴，也邀請了瑪姬上台講話。

瑪姬道：「這次公司之所以能夠有這樣好的業績，並不全是我一個人的功勞，除了我之外，我也要特別多謝我部門的同事，沒有他們，根本就不會有這樣的成績。」

你能將瑪姬這句說話解碼嗎？

如果你的上司在公開場合有人讚賞他時，他不會照單全收，而是說明努力的不只他一個的話，你有福了；因為那代表著他是一個好上司。

我們都明白，每件事都不是一個人能夠獨力完成的，每件事能夠得以完成，背後一定有著一群人在努力工作，才能夠令事情得以成功。

在日常工作之中，你的上司有機會得到別人的讚賞，可能是別的部門的主管，可能是他自己的上司；不過無論在何種情況都好，如果他能夠公開讚賞自己的下屬的話，他也不會差到哪裡去。

有些上司很奇怪，明明事情不是自己獨力完成的，卻在被受讚賞的時候照單全收，對自己的下屬的功勞卻隻字不提，這樣的上司，你就要加倍當心。我們也可以將「上司是否公開讚賞下屬」作為一個衡量的指標，如果他不會公開讚賞自己的下屬，你就要加倍當心：在公開的場合尚且如此，私人場合又會怎樣呢？

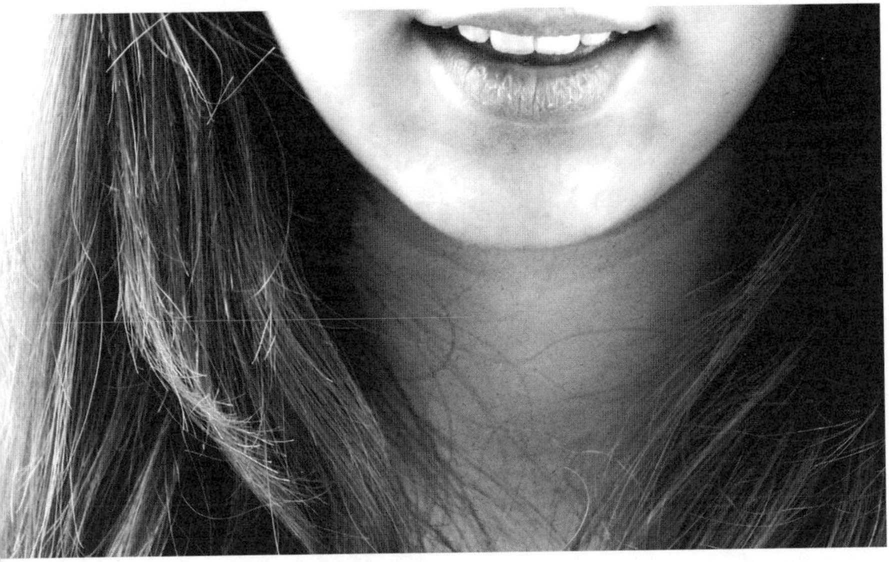

別人的讚賞往往是進步的動力。

當然是更加隻字不提了。

其實這種情況不只對自己的上司適用，在公司裡，其他同事也可以作如此看：如果公司裡的同事在被讚賞時承認不是自己一個人的功勞，還會多謝其他同事或部門的話，他就是一位好的同事，即我們俗語所說的「不獨食」。

古語有云：「獨食難肥。」好的事情，最好是跟別人一同分享，這樣會更加開心。

05

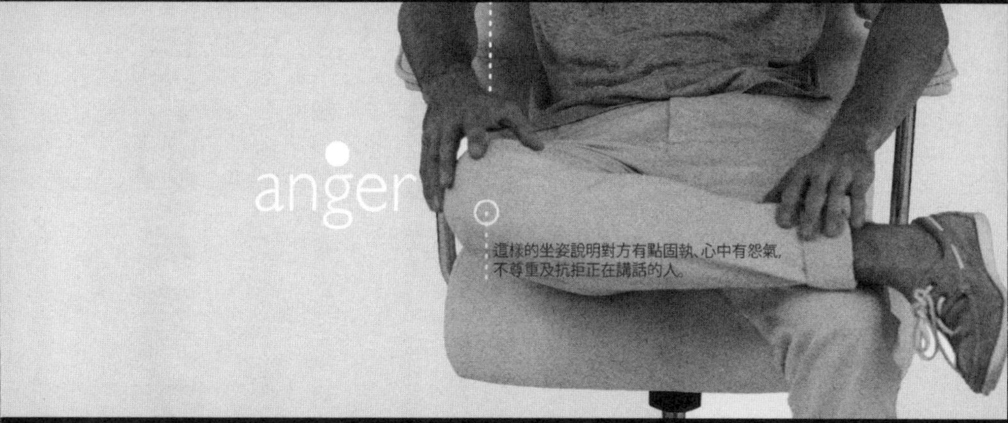
anger
這樣的坐姿說明對方有點固執、心中有怨氣，
不尊重及抗拒正在講話的人。

職場讀心術

辨識下屬的真實才能

一個上司發覺下屬M每逢每次面談時，都會將會上所討論的事情寫在筆記簿上。

「真是一個好下屬呀！什麼事情他都記住！」上司心想。而該位下屬也真的很勤力，大至開會，少至簡單的面談，他都會用筆記簿抄低。其實，他對事無大小都筆錄下來的行為，又是否真的是如大家所說一樣好呢？你又會怎樣解讀這個行為？

我就這個問題問過很多人，大部份人都覺得M的行為沒有問題，並覺得他是個好員工；因為他事無大小都會放在心上，每事都一定用紙筆抄下來跟進。

你是走在通往成功的捷徑抑或「短路」？

可是，在我的眼光看來卻恰好相反，我覺得M的記憶力很差，也沒有能力去做太多的事情。為什麼呢？

因為人在抄寫的時候，未必能夠再分心聽額外的事情。而抄寫過後，也未必會拿出來看，這是一個大問題。即例如我從未見過在股東大會上面，主席會將跟進的問題或股東的問題即場抄寫下來的。

另外，我又發現習慣凡事抄寫的人，其工作能力都不怎麼樣，因為抄寫是最不經過大腦思考的事情，只是一個條件反射；反而不抄寫而專注聽你說話的人，其工作能力會高得多。

別搬走自己的乳酪

如果你是該名上司，在你看到M有這樣的行為，你會怎樣應付呢？

你應該在對方開始抄寫的時候，對他說：「我其實不是說太多話，你也不必記下來了，只需要聽我說就可以。」然後在過後要M重覆一次，這樣更能確認對方真正明白你的意思。

我在舉辦講座的時候，也是用類似的方法叫同學不要抄筆記。我會對他們道：「你們只需要聽我講解就可以了，不用抄寫筆記，我所說的所有資料，都已經在筆記之中。」就這樣，同學們就會放下他們手中的紙和筆，然後專注地聽我演講。

區分上司的型格

由於公司最近的銷售成績未如理想，上司於是叫下屬走入自己的房間，詢問有何方法可以提高業績。

下屬解釋道：「其實我已經盡了力，我每天一大清早已經出外見客，晚上過了辦公時間才回公司做文件上的處理；預期有些客人也會在月中有生意，所以在後半月之中的生意應該會好一點。」

上司對下屬道：「既然這樣就最好了。到時如果公司銷售成績未如理想，上頭怪責下來的話，你自己親自解釋吧！」

上司的這種說法，究竟又是什麼意思呢？

公司是一個群體的社會的縮影，每個人都要承擔不同程度的責任；不過話雖如此，但現今有很多上司都沒有這份承擔。

承擔，表面上是看不出來的。在很多的會議或員工大會之中，管理層都會說得漂亮，例如：「有什麼事情一定要來找我，My door is always opened！」

不過我想和大家分享這句說話背後的真正意思，這是一位澳洲的教授在一次研討會之中告訴我的。全句的上文下理是：「My door is always opened！However, my room does not have any person！」真是一絕！

到真的有事情發生時，有多少個上司能夠照顧下屬，去為他們承擔一切呢？

所以，別被上司平日所說的話蒙騙。我們要看的是，當事情真的發生時，上司對自己的態度及所說的話。通常那個時候所說的

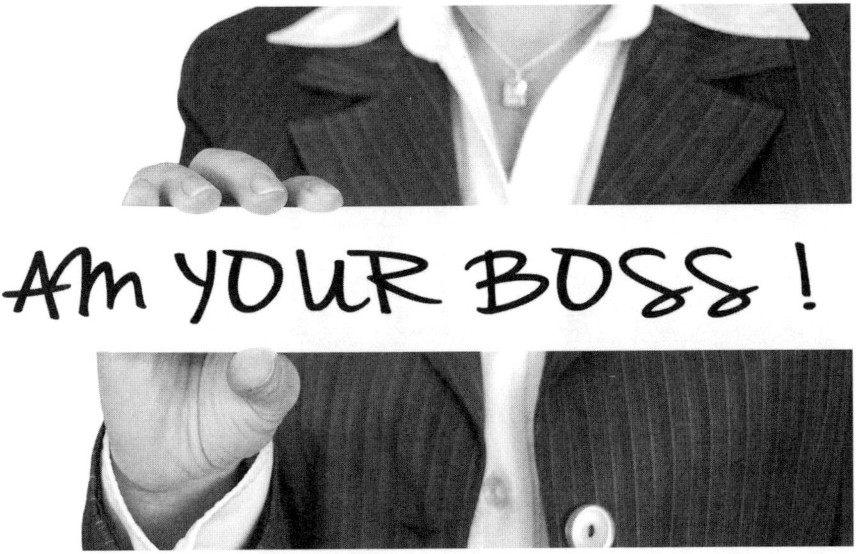

你的上司是「卸膊型」還是「承擔型」？

話才是最真實的。

在前文的例子之中，該名上司對自己的下屬說：「上頭有什麼怪責下來，你自己向他們解釋！」這句說話的含意，就是什麼都不關他事，所以如果他的上司有任何不滿的話，他都要拿你出來頂罪；如果你遇到這樣沒有承擔的上司的話，你自己就要小心了。

從上司日常的對話中找到端倪

有時候，我們在平日和上司的對話當中，多多少少都會聽到一些端倪的。例如客戶或其他部門投訴時，上司是否第一時間出來處理，還是藉詞找其他下屬出來，你就可以知道一切。

通常有責任感的上司，如果收到投訴的話，是會義不容辭出來解決問題的。因為他們有承擔，即使事情是否能夠解決都好，他們都願意親自處理；他們深信自己有這個工作能力，而且他們也相信處理這種事情會比下屬來得恰當。

只有認清上司的性格，才能對症下藥

相反，沒有責任感的上司，他們在接到投訴時，往往都會第一時間將責任推到下屬身上，自己則走得越遠越好；因為他們害怕承擔，害怕事情經過他們處理之後會變得更加糟糕。

在平日，我們就要留意自己的上司是「卸膊型」或是「承擔型」。如果是「承擔型」的話當然是好，有什麼事情你都可以找他商量，大家積極點去研究解決的方法；如果是「卸膊型」的話，你就要加倍小心了。因為公司有什麼事情發生時，他一定不會幫你，相反，他一定會義不容辭去推你出來「受死」或「揹鑊」。

而你自己，則要早日想出應對之法。除了自己的工作本身要做得好一點，免得被人挑剔之外，你也不用事事都向你老闆報告。因為他是一個「有什麼事情要你自己去解釋」的人，即使你每事向他報告也只是浪費時間罷了。在適當時候，你甚至可以越權去向你上司的上司間接暗示，但就要做得小心一點，不能讓你的上司知道。

除此之外，你也可以觀察你上司的上司是否也知道這一點，如果他是知道的話，那你可以大可放心，因為終有一天你的上司都會在這間公司消失——公司是不會容許有這種人存在的，這只是遲早的問題。

提升個人價值的思維模式

有一天，一名下屬走進上司的房間，請示對方對某件事情的看法。

下屬惶恐地道：「這套是成豐公司張先生之前所下的訂單，本來約好這個月二十號交貨的。不過由於我們的生產線出了問題，所以未能如期交貨，想找你商量一下。」

上司聽罷先是大吃一驚，因為「成豐」是公司的重要客戶，而張先生更是出了名要求高的客戶——假如得罪了他，便有可能影響日後的合作機會。

上司唯有假裝鎮定地道：「那麼，你有什麼看法？」

下屬六神無主地說：「我也不知道，所以才找你商量。」

上司無奈地答：「好吧，那你先出去，讓我自己想想看。」

我們怎樣為該名下屬的處理手法解碼？

在這件事情當中，其實已顯示了個案中下屬的工作能力。他是一個不懂得思考的人，事情去到他哪裡，他未經思考就經已交給上司；其工作能力可想而知。

有很多人以為上司總是高人一等，以為他們就一定能夠解決問題，但事實並非如此。

透視辦公室蠢材的思維模式

上司也是人，其智慧及應變能力可能也和下屬差不多；所不同的，只是職位的高低而已。因此，如果職員想著凡事要由上司解決問題的話，就未免太過天真了。

假如當下屬遇到任何事情都去找老闆解決，而又沒有經過自己的「過濾」的話，這位下屬的生存就變得毫無意義，公司也不需要這樣的人。

又如果你有同事是有這樣的情況的話，你就要小心了，因為他們根本沒有想過解決問題，而且在公司裡也幫不了忙；他們只會將問題呈現在上司的眼前，而從來沒有想過解決的方法。

辦公室內的醒目上位之道

在以上的例子當中，下屬顯然並未對事情有著充份的掌握，他只知道事情已經發生了，而張先生則是一個不容易對付的人，所以他才馬上找上司商量，看看有何對策之法。

他也未免將上司看得太過聰明了。發生了這些突發事件，尤其是在客戶業務方面，上司所知的絕對不會比下屬的多，因為每天主要面對客人的是該名下屬。

故此，該名下屬在這件事情當中，他應該先掌握了事情的情況，然後想著應對之法，再提議給上司，讓上司認同及批准之後就處理。

在上司的眼中，如果下屬事事都要他自己親力親為的話，後者的存在就變得毫無價值，而他對下屬的印象顯然也不會太好。

專家教路

如果你是該名上司，你在遇到這種沒有工作能力的下屬時，一方面你要自己思考應對之法；另一方面，你不妨問多一點關鍵的問題，看看下屬是否會想到其他的法子解決。

例如你可以問：

「是否還有其他方法可以如期交貨給張先生？例如將其他客戶的訂單暫時放在一旁，又或者找其他行家幫忙，看看是否有一些現成的貨品可以供應給我們？」這些都是很好的解決方法。

透視別人的滿意程度

一天，上司召了下屬入房，主要是討論關於建生公司的黃先生最近的訂單問題。

上司咆哮道：「為何我叫你給一個特惠價給黃先生，你最後都沒有給他？」

下屬答道：「因為我知道即使不給特惠價，黃先生到最後也是會買我們的產品的。」

上司道：「點解講極你都唔明？這次是因為建生趕著起貨，才會用貴一點的價錢買我們的產品；但如果他下次沒有那麼趕急的話，就未必會用我們的服務了！」

上司的「點解講極你都唔明」是有何暗示？如何將這句說話解碼？

上司不滿下屬，有很多的表達方法，有暗示的，有明示的；而前文所述上司的例子，就是明示的不滿。

當上司用上「點解我講極你都唔明」的時候，其不滿的程度可謂相當嚴重了。身為下屬的，如果聽到這句說話，就要加倍小心；因為在上司的心目中，你可能不只一次犯了同樣的錯誤，才會導致上司衝口而出說出這樣的話來。

我們不能改變事實，但我們有能力改變上司對你工作表現的想法。如果你聽到這樣的話，你就要好好想一想：你的上司是否已經不只一次向你提示，而你卻沒有聽進耳裡？

我們每個人的思想不同，而所做的事情都會根據自己心中既定的想法去處理。不同的人會有不同的處事準則，有人急進，有人溫和；有人有系統，有人雜亂無章。無論你是基於何種處理手法都好，你也要因應上司的處理手法而有所調節；你不能行個人英雄主義，自己想到什麼就做什麼。你一定要看看上司的處理手法如何，你則要加以配合。

透視上司對你的滿意程度

至於上司對你是否滿意，你則可以從一些日常工作之中的說話聽出來。例如「這樣做就對了」、「我喜歡你這樣處理這件事情」、「下次一定要和這次一樣做得這樣好」等就是讚美的說話，是肯定及正面的；如果有「點解我講極你都唔明」、「你不要再浪費我時間好不好」、「你永遠都是將麻煩帶給我」的說話就是對你不滿、負面的說話。

我們在遇到上司說出正面的說話時，應加以留心上司欣賞自己哪些事情，然後好好記住，日後遇到同樣問題的時候也可以立即知道怎樣做才會迎合上司的口味；如果遇到上司說出負面的說話時，更應加倍留神，看看什麼樣的情況下上司會表達不滿，下次確保在何種情況之下也不會再次發生，以避開上司一次又一次的責怪。

其實這個世界沒有對與錯，有的只是迎合與不迎合上司的口味而已。上司的見解未必一定是對，但如果你不迎合上司的口味或意思去做事，就肯定你在公司的發展有限而不會得到賞識。有些人覺得時不與我，處處已經盡力做到最好，卻得不到上司的欣賞，反過來可能會得到責罵，其實這是不明內裡技巧而已。

解碼下屬的性格

這天，上司和聯華公司的李先生談了一宗大生意，上司答應以一個特惠價錢將毛衣賣給對方。

回到寫字樓，上司對下屬說：「下屬，我今天和聯華李先生傾妥了，我們會以每打五百元的特惠價，將三千件毛衣產品賣給李先生，你和他聯絡及安排一下交貨日期吧！」

下屬答：「沒有問題，我會照辦。麻煩你給一個電郵我作個記錄。」

上司說：「什麼？這樣也要發個電郵給你？你打給李先生安排一下不就可以了嗎？」

下屬解釋道：「做事還是穩妥一點好。這個不是公司既定的價錢，將來如果發生了什麼事也可以有證有據。」

你會如何理解下屬以上的說話？

不同的人有不同的性格，像下屬的舉動，毫無疑問地表示他是個做事非常穩妥的人。

透過日常對話將下屬的性格解碼

可是，如果想深一層：由下屬的說話，其實有兩個訊息傳達出來：

1 下屬的性格是一個穩妥的人

從第一句說話「做事還是穩妥一點好」可以看出，下屬是一個甚為講求穩陣的人。他能夠說出這樣的話，就證明他相信這句說話。

舉一反三，例如：

「做人最緊要有心！」（說這句話的人就覺得有心很重要）

「小心駛得萬年船！」（說這句話的人做事非常小心）

「管不得那麼多了，先做了再算吧！」（說這句話的人，不顧後果，誓要完成事情）

2 下屬覺得上司在這件事上有點問題

在「將來如果發生了什麼事，也可以有證有據」這句說話之中，下屬顯然發覺上司在這件事的處理手法是有點問題。否則的話，下屬也不會要求上司傳送一個電郵給他了。其背後的原因有很多，可能是上司之前處理過類似的事情而出了問題，可能是下屬知道這在公司的立場而言是不合規矩的。總之，就是有點問題。

從日常談話為下屬的性格解碼

面對下屬的要求，身為上司的上司就要想想了。每個人做每樣事情都有其動機，這時上司應該想想：在過往是否發生過類似的事情而令下屬要負上責任的？有時候，簡單的一句說話也可以想得到很多東西。

至於應付的方法，則要看上司是否在之前因為自己的過失而令下屬負上責任了。如果答案是肯定的話，那上司也要負上部份責任，在平日工作之中要主動將任務解釋清楚，必要時也要主動出電郵作實，這樣對雙方都有保障，而且也不用引起爭拗。

所以有時候對方以防備之心對你，自己也要檢討一下實際的情況。

從行為看穿想法

一日，上司收到通知，指公司要進行重大改革，於是馬上和下屬及其他同事開會，以確保他們都清楚是次改革的細節。這次改革的規模也真不小，除了行政架構上的變動之外，日常工作的模式及運作也要作出改變。

上司和同事解釋過後，也想聽聽他們的意見。

下屬道：「公司有改革是一件好事，這樣生產量也會比以前提高。不過現時工作量比以前多了，但人手則比以前減少，我擔心我們的部門會做不來，我想問是否能夠增加人手，令我們更有效率去完成手頭上的工作？」

如果你是上司，你會怎樣將下屬這段說話解碼？

在公司裡，我們不時都要面對各大小不同的轉變。尤其在現今競爭激烈的社會之中，「轉變」似乎是公司發展最不可或缺的部份。很多公司都是要靠不停地轉變，才得以繼續生存。

不過，雖然有些員工樂意接受轉變，即使上司不斷指派新的工作給他們，他們會滿心歡喜，並希望從中可以學習一些新的東西；但有些員工則對轉變很抗拒，他們不願轉變，也不願接受新的工作。

從行為看穿別人的心思

雖然我們不能看穿同事的心，但我們可以從同事間的行為中看穿他們的想法。

像前文的例子之中，下屬的說話顯然是抗拒轉變。雖然他在第一句說話之中講明他覺得公司的轉變是好事，但隨即說要加派人手，否則難以完成手頭的工作。究竟問題出自哪裡呢？

問題是根本事情還未開始，他就已經「打定輸數」，這種還未嘗試就立即說不可以的人，就是害怕轉變的人。

相反，一個樂觀的人，他們有著強烈的正面心態，他會先接下手頭上的工作，待運作了一段時間之後，比方說是三個月吧，然後會來一次檢討，如果真的問題的話，他就會提出來大家商討一下。真的有問題的話，老闆也會積極面對，增加人手來解決問題。

要倍加留意的字眼

要觀察別人是否能夠接受新事物，第一件事要看的，就是他會否馬上答應，而不是拖拖拉拉。

有些員工則對轉變很抗拒。

如果你有同事每次都是有反對的聲音的話，你也會覺得他不是一個好員工。

有些字眼我們要特別留意。如果你的同事有此情況的話，你就要小心了：

1「這些不是我們負責的。」

這是最不負責任的說話。即使事情真的不是你同事負責也好，也不應該這樣直接和上司說話。他應該婉轉解釋，這些工作應該由哪個部門負責，而不是直接推卸。能夠說出這樣的話的人，就是最沒有責任心的人。

2「你不如叫某某幫你做吧！」

這句也是推卸責任的說話。他沒有直接拒絕你，卻叫你將工作交給另外一個人，其實他就是在間接拒絕你。

利用身體語言達至暗示效果

在人與人的溝通之中，身體語言是不可或缺的部份，而大部份人都忽略了這重要性。

説話內容是具體的表達方式，而身體語言則是暗示的表達方式。暗示的效果，有時候比具體更大；人有90%的感覺是來自潛意識的，如果你的身體語言做得不好，你就有可能令對方在潛意識之中抗拒你，又或者產生誤會而添上不必要的麻煩。

我在此列舉幾種最需要留意的身體語言給各位參考一下。

1 雙手張開

一個人的雙手張開，代表他對你的態度是正面的，我們在防衛的時候，都會將雙手靠攏在自己的胸前，但這樣做會給別人感覺你在保護自己，而和別人形成一種「對立」的感覺。

相反，如果在對話時將雙手向外張開的話，在別人眼中看來你就是採取開放的態度。

2 重心分佈

在站著和對方談話的時候，我們也要留意一下自己的重心，應該是平均放在雙腳之中，而不是側重在某一隻腳之下。將重心放在單腳會令你看起來搖晃不定，而且看起來很沒耐性的樣子。

3 保持笑容

笑容是最厲害的武器，在任何場合之下都管用。古語有云：「不打笑面人」，多加點笑容，別人對你的敵意自然會減少，會不自覺地說更多的東西給你聽。

4 適當的身體接觸

在談話過程當中，保持適當的身體接觸是很重要的。面對面的談話比較難以使用，但當大家站著的時候，我們可以在適當的時候拍拍對方肩膀，談話就會因此而變得輕鬆起來；因為身體接觸是友善的表現，適當的身體接觸會令你和對方的距離拉近。

5 多做認同的動作

在對方說話的過程當中，我們應不時點頭，或以簡單的「是」、「好的」、「對了」這類簡單正面話語來說明自己認同對方的想法，而且明白他的想法。

當我們作這些認同的反應時，其實是暗示對方可以繼續說下去，來鼓勵對方多說一些。除了認同之外，說一些鼓勵對方再說下去的話語如「真的嗎」、「太好了」、「後來怎麼樣呢？」、「能否再詳細說明一下嗎」等話語。

總括來說，傾聽是一種藝術，良好的傾聽態度可以令對方更容易接受你的想法。

6 不要搶著說話

在對方發表自己意見的時侯，我們應該要有耐性地把對方的話聽完，才發表自己的意見。

天下間最糟糕的人，就是什麼話都搶白一番，又或者自作聰明，未等對方把話說完，就幫對方將說話接下去；當對方被你搶白了數次的時候，他就會變得不喜歡和你談話，因為他潛意識有受到挫折的感覺。

7 避免擺出一副「我不知道的樣子」

沒有人能夠懂得所有的東西。當別人對你說話的時候，我們會有一些事情不知道的，我們可以回問對方，或要求對方重說一遍，但就不要在身體語言當中擺出一副「我不知道」的樣子。最常見的動作是雙眼直視對方，聳聳肩，然後雙手伸出，手掌向天。

「聳肩——雙手張開——手心向天」是一個非常討厭的姿勢，這個姿勢會令對方覺得無助，對話馬上變得單向，及有一點迷惘。當這樣做的時候，對方馬上會生出疑問：「這樣是什麼意思？我的說話他明白了嗎？」「他是不是否定了我的想法？」更嚴重的，是對方可能會覺得你有些事情隱瞞著他而不願意說出來。

我看過很多這樣的人，當我說了一些東西等待對方確認的時候，對方就會作出這樣的姿勢，而大部份時候都是對方有意隱瞞，不想說真話的時候表露出來的。這樣的姿勢，給我有點無所適從的感覺，又或者不能要表達的內容再接續說下去。

職場上的身體語言秘密

通常情況下，職場新手很容易緊張，上司放鬆的、友好的身體語言能夠讓這些職場新人們放鬆緊張的情緒。而當他們能夠用輕鬆的狀態面對上司、愉快地傾聽他的話語時，他們就能能夠更好地接受工作任務並付諸行動。畢竟，人在緊張的情緒下很容易犯錯誤，身體語言友好的上司可以有效地減少員工犯錯誤的機會。

女上司？表現得強硬些吧

因為天然的性別差異，對待同一位下屬，男女上司會有各自不同的表達方式。許多男性下屬覺得女上司很難相處，原因是他們在與女上司相處時，不由自主地緊閉自己的身體，時刻處於警備狀態，比如流露出極具攻擊性的眼神，不可質疑的動作和神態。而女上司由於遭遇到男性下屬極不友好的帶著挑戰性意味的姿態，也時常不由自主地表現出不滿來，要給對方一個下馬威。長此下去，事情只會越變越糟。

女性天性敏感，因而在與異性下屬接觸時，她們會盡量避免自己的身體過於「逃避」。「逃避」的姿態很可能讓那些自以為是的男性下屬認為你會像他們的妻子一樣優柔寡斷，需要他們忍讓和遷就，而喪失作為上司的威望。

Linda是一家跨國企業的員工，擁有出色的工作表現，故此在短短兩年內就已被公司提升為部門主管。她的下屬很多曾是她原先合作愉快的同事，然而一直自信滿滿的Linda發現下屬對她缺乏服從。原因是：下屬認為她只適合做普通同事而非上司，「一切都很完美，除了Linda的身體語言。她看起來不是能夠拿捏主意的人！」

例如她在和男下屬說話時，總是習慣性地斜靠在牆邊，而不是挺直身子站立，而她的眼睛又很少和下屬接觸。下屬和她講話時，她總是低著頭，沒有做出專心傾聽的姿態；尤其是男下屬和她面對面時，Linda總讓自己的頭微垂，她似乎在思忖自己究竟有沒有能力承擔職責！這些身體語言嚴重損害了她的領導者權威。

其實，關於男女上司的話題十分複雜，不同地點、不同時間、甚至不同的人，有很強的差異性。只是需要記住的是，當決定怎樣用語言表達時，身體所表達的「意思」應該與其一致，否則，會讓對方認為沒有可信度，對判斷也會雪上加霜。

距離感帶來隔閡？

上司的身體行為無疑會受到自身文化背景的影響，反過來影響他們的管理風格。有研究認為，亞洲國家的上司似乎更願意把自己的辦公環境置身於員工之中（日本人尤其如此），而美國和歐洲上司喜歡在靠角落、關閉的辦公區內獨自享受辦公時間。更為有趣的是，美國上司在離開辦公室時，會讓自己辦公室的門保持敞開，而歐洲上司更願意隨手鎖門。由此看出，美國上司與下屬的態度會更加隨意些。

在澳洲，我曾經在一家公司裡親身體驗過這種辦公室的氛圍。所有的經理人集中在頂層的辦公區域，員工們則根據部門不同，從一層開始向上排列。經理們認為管理層都在一起辦公，交流更方便，但無意中卻隔斷了自己與員工的距離，讓下屬感覺自己遙不可及。為了讓員工排除這種距離感，這些經理人每次在需要與員工決策事情時，就下樓來和大家共同探討。

如果你是管理者，一定要記住，有些時候，不僅是你的身體要告訴下屬你對他們的提議很關心，更重要的是，你發出這些信號時的位置和距離。如果那家澳洲公司的經理們都只是坐在樓上，等待員工們主動上樓，即使他的身體語言在員工眼裡已經足夠積極和熱情，也無法彌補樓層間隔的距離感帶來的困擾。

與下屬謹慎「接觸」

接觸也是身體語言裡的一個重要領域，我們需要弄清楚的是，在與上司接觸時，身體的碰撞是否應該發生。

在拉丁美洲和意大利，人們見面或告別時的方式是親吻或擁抱。當然，現今在西方，這種熱情的表達方式也漸漸淡漠，因為許多人對此變得非常敏感，搞不好有時就會和「性騷擾」掛勾，上司很容易被控告為性騷擾。尤其當你是一位男上司時，即使你有時只是表示友好地拍拍女下屬的肩膀，也是危險的做法。

因此，男上司與女性下屬相處時，要保持適當的距離，按照人與人之間的恰當距離，1.5至3米被稱為「社會距離」，在職場中屬於恰當距離；3米以上是「公眾距離」，用在上下級之間會讓下屬覺得上司不近人情，難以接觸，或讓下屬猜測「是不是老闆不喜歡我？」在0.5至1.5米間，說明兩人的關係已經超出一般關係。對異性上下級，這種距離是很危險的。如果小於0.5米，恐怕只有親密的愛人才可以做到。

反之，如果你是男性下屬，為女上司工作，尤其是西方的女上司，你會發現她們在身體接觸和距離這個問題上同樣敏感。

上司應該最大限度地注意自己的言行舉止，似乎你的職位給你帶來了權威，事實上，你的位置和權力讓你更容易受到傷害。即使你來自在身體語言較為開放的國家（如意大利和拉丁美國家）工作，也需要很在意你下屬的文化背景。往往，在無法完全理解對方文化背景的時候，最保險的做法就是保守。

總之，做上司不像人們想像中的那樣簡單，身體語言既可以激勵團隊，也可以帶來負面效應。做一名成功的上司，正確的身體語言會讓你更有成就感。

看得喜 放不低

創出喜閱新思維

書名	摸底 FBI不教你的讀心術 Seeing the Unseen
ISBN	978-988-78874-2-3
定價	HK$88 / NT$280
出版日期	2019年1月
作者	龍震天（Master Dragon）
責任編輯	文化會社編委會
版面設計	西以倫
出版	文化會社有限公司
電郵	editor@culturecross.com
網址	www.culturecross.com
發行	香港聯合書刊物流有限公司 地址：香港新界大埔汀麗路36號中華商務印刷大廈3樓 電話：（852）2150 2100 傳真：（852）2407 3062
台灣總經銷	貿騰發賣股份有限公司 電話：(02）8227 5988